Schäfer/Kamp

*Köstlich essen
Fruktose, Laktose &
Sorbit vermeiden*

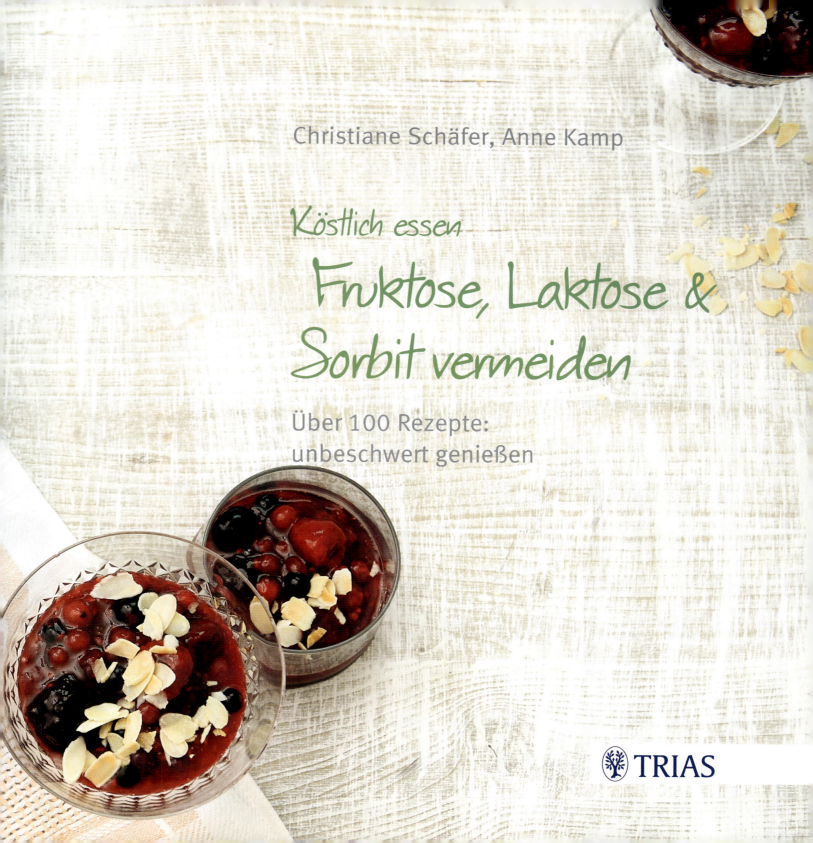

Christiane Schäfer, Anne Kamp

Köstlich essen
Fruktose, Laktose & Sorbit vermeiden

Über 100 Rezepte: unbeschwert genießen

TRIAS

Zuckerverwertungsstörungen, was ist das?

- 10   Unsere Verdauung
- 11   Diagnose
- 11   Milchzuckerunverträglichkeit
- 12   Fruktosemalabsorption
- 12   Sorbitunverträglichkeit
- 13   Histaminunverträglichkeit
- 14   Hilfreiche Tricks für den Küchenalltag

Richtig essen bei Zuckerverwertungsstörungen

- 16   Steckbrief: Laktose
- 17   Steckbrief: Fruktose
- 18   Steckbrief: Sorbit, Sorbitol, E 420
- 19   Andere Zuckeraustauschstoffe
- 22   Hilfreiche Zuckerkunde für Bauchpatienten

Rezepte schmackhaft und lecker

- 42 **Frühstücksideen**
- 43 Mit gut verträglichem Frühstück gelungen in den Tag starten.
- 54 **Kleine Gerichte**
- 55 Kleinere Zwischenmahlzeiten beugen langfristig Unwohlsein vor.
- 68 **Hauptgerichte**
- 69 Warmes für den Bauch, das schmeckt und gut vertragen wird.
- 86 **Besonderes**
- 87 Schöne Gerichte, prima für liebe Gäste.
- 92 **Beilagen**
- 93 Leckeres, das satt macht und die Hauptgerichte ergänzt.
- 100 **Süßes**
- 101 Desserts und feine Schlemmereien für alle, die gerne naschen.
- 112 **Backen**
- 113 Raffinierte Backrezepte, die problemlos mit Traubenzucker gelingen.

Liebe Leserinnen, liebe Leser!

Spätestens seit Ihrer Diagnose Fruktosemalabsorption, Laktoseintoleranz und/oder Sorbitunverträglichkeit wissen Sie, dass Zucker nicht gleich Zucker ist. Vielleicht waren Sie anfangs sogar überrascht, dass selbst in Milch Zucker, nämlich Milchzucker bzw. Laktose enthalten ist.

Wir wissen, dass ganz viele Betroffene an mehreren Unverträglichkeiten gleichzeitig leiden und sich bislang sehr umständlich aus mehreren Büchern oder anderen Quellen, wie z. B. dem Internet, informieren mussten. Doch damit ist jetzt Schluss. Mit diesem Kochbuch halten Sie Ihren fortan einzigen Wegweiser in der Hand, der Sie erst einmal für die nächsten Wochen und anschließend immer wieder intensiv begleiten wird und der Ihnen nach einem 3-Stufen-Plan (S. 28) Genuss ohne Reue möglich macht.

Es ist nämlich ganz und gar nicht sinnvoll, ab sofort Süßes oder Obst konsequent zu meiden. Gerade Fruktose würden Sie irgendwann in immer geringeren Mengen vertragen! Vielmehr geht es darum, verschiedene Inhaltsstoffe innerhalb Ihres Mittagessens oder Frühstücks so geschickt mit den verdächtigen Zuckern zu kombinieren, dass Ihnen die Übeltäter keine Beschwerden mehr bereiten. Fruchtzucker wird beispielsweise für Sie verträglicher, wenn Sie z. B. Eiweiß oder Fett dazu essen – das ist für empfindsame Bäuche ein prima Trick.

Wir haben daher Rezepte zusammengestellt, die Ihnen milchzucker-, fruchtzucker- und auch sorbitarme Alternativen aufzeigen, welche lecker schmecken und vor allem dafür sorgen, dass endlich Ruhe ist im Bauch. Und das alles, ohne dass Naschkatzen auf wunderbare Süßigkeiten verzichten müssen.

Wir wünschen Ihnen viel Vergnügen beim Kochen und Genießen!

Ihre Anne Kamp und Christiane Schäfer

Mein perfektes Dinner

Vorspeise
Gemischter Blattsalat

1. Stufe Karenz: geeignet/
2. Stufe Testphase: geeignet
Für 4 Personen • gelingt leicht
⏱ 10 Min.

400 g gemischter Blattsalat (Radicchio, Lollo Rosso, Rucola, Feldsalat etc.) • 3 EL frische, gemischte Kräuter • 150 g Joghurt (3,5 %, laktosearm) • 150 g Schmand (laktosearm) • 1 TL Senf • Salz • Pfeffer, frisch gemahlen • Paprikapulver

● Die Salate waschen, trocken schleudern und zupfen. Kräuter waschen und klein schneiden. Joghurt und Schmand mit dem Senf glatt rühren. Salz und Paprikapulver hinzufügen. Gehackte Kräuter und Blattsalat unter das Kräuter-Joghurt-Dressing mischen.

Bei Histaminunverträglichkeit
Gut geeignet.

Hauptgang
Spaghetti mit Ingwer-Möhren-Sauce

1. Stufe Karenz: geeignet/
2. Stufe Testphase: geeignet
Für 4 Personen • preisgünstig
⏱ 20 Min. + 20 Min. Garzeit

300 g Möhren • 300 g Zucchini • 1 EL frischer Ingwer • 2 EL Rapsöl • 2 TL Traubenzucker • 1 Msp. Kurkuma • 1 TL scharfes Currypulver • 500 ml Gemüsebrühe • 100 g Frischkäse (laktosearm) • Salz • Pfeffer, frisch gemahlen • 200 g Spaghetti

● Möhren und Zucchini abspülen, putzen und in 5 cm große Stücke schneiden. Ingwer schälen und fein hacken. In einem Topf das Öl erhitzen und die Zutaten zusammen mit 2 TL Traubenzucker darin anbraten.

● Wenn das Gemüse leicht gebräunt ist, mit Kurkuma und Currypulver bestreuen, dabei mehrfach umrühren. Die Gemüsebrühe angießen. Den Frischkäse hinzugeben und verrühren. Mit dem Mixstab pürieren.

● Die Sauce mit weißem Pfeffer und Salz abschmecken. Die Nudeln al dente kochen, abseihen und noch heiß mit der Sauce verrühren.

Bei Histaminunverträglichkeit
Falls der Frischkäse Probleme bereitet, ersetzen Sie ihn durch Crème fraîche.

Dessert
Kokos-Quark-Creme

1. Stufe Karenz: geeignet/
2. Stufe Testphase: geeignet
Für 4 Personen • gut vorzubereiten
⏱ 10 Min.

400 g Quark (laktosearm) •
160 g Traubenzucker • 1 Vanilleschote • 100 g Schmand (laktosearm) • 4 Tropfen Zitronenöl •
10 EL Kokosraspeln oder -chips

● Quark, Traubenzucker und
Schmand miteinander vermengen.
Die Vanilleschote der Länge nach
halbieren und das Mark herauskratzen. Vanillemark und das Zitronenöl
zum Quark geben und abschmecken.

● Die Kokosraspel in einer trockenen
Pfanne leicht rösten. Kurz vor dem
Servieren auf der Quarkcreme ver-
teilen.

Bei Histaminunverträglichkeit
Hin und wieder führt Quark bei
gleichzeitiger Histaminunverträglichkeit zu Beschwerden. Probieren
Sie aus, ob er bei Ihnen Beschwerden
bereitet.

Zuckerverwertungs-Störungen, was ist das?

Vielen Menschen, die Fruktose (Fruchtzucker) nicht vertragen, bereiten auch Laktose (Milchzucker) und/oder Sorbit und umgekehrt Probleme. Sie leiden unter sogenannten Zuckerverwertungs-Störungen: Fruktosemalabsorption, Laktoseintoleranz und/oder Sorbitunverträglichkeit. Da es sich bei den Erkrankungen um keine Allergien handelt, bei der bereits sehr kleine Mengen ausreichen, um eine Reaktion hervorzurufen, kann es sein, dass Sie etwas länger gebraucht haben, um festzustellen, was Ihnen Probleme bereitet. Es kommt immer auf die Menge an! Jeder hat seine ganz individuelle Toleranzgrenze.

Kommt Ihnen das bekannt vor? Kürzlich noch haben Sie das Zitronensorbet problemlos vertragen. Beim nächsten Mal, vielleicht haben Sie kurz vorher eine Handvoll Kirschen genascht oder ein Glas Apfelsaft getrunken, meldet sich der Bauch, und Sie bereuen die kleine Sünde? Unser Darm verträgt eine gewisse Zuckermenge, aber irgendwann ist Schluss: Er ist sozusagen »überladen« mit der aufgenommenen Menge Zucker, während es im Dickdarm zu deutlichen Beschwerden kommen kann.

Unsere Verdauung

Nahrungsbestandteile werden bereits im Mund, anschließend auch im Magen und dann im Dünndarm durch Enzyme in ihre Einzelsubstanzen gespalten. So führt ein längeres gründliches Kauen im Mund bereits zu einer Vorverdauung der Zucker. Die vorrangige Verdauungsaufgabe im Magen besteht in der Durchmischung und Durchsäuerung des Speisebreis sowie der vorbereitenden Spaltung der Eiweiße (Proteine). Durch verschiedene Transportmechanismen erfolgt dann im Dünndarm die Aufnahme dieser Einzelsubstanzen ins Blut, von wo sie anschließend überall im Körper in die Körperzellen gebracht werden, in denen sie benötigt werden.

Doch was läuft falsch? Bei den sogenannten Zuckerverwertungsstörungen liegen Defekte im oberen Dünndarmabschnitt vor. Die Ursachen dafür sind vielfältig. Wichtig für Sie ist zu wissen – anders als bei allergischen Reaktionen –, dass Ihr Bauch gewisse Mengen – insbesondere an Fruktose – immer tolerieren wird.

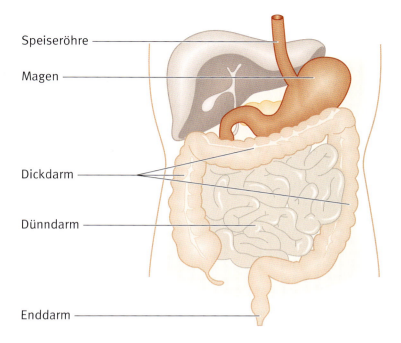

Der Weg der Nahrung durch den Magen-Darm-Trakt

Welche Menge für Sie verträglich ist, werden Sie mit den Lebensmittelvorschlägen in der 2. Stufe unseres 3-Stufen-Plans (S. 28) herausfinden. Sie suchen Unterstützung durch eine ernährungstherapeutische Beratung? Unter www.ak-dida.de finden Sie Ernährungsfachkräfte, die sich auf Nahrungsmittelunverträglichkeiten spezialisiert haben. Die Diagnose sollte im Vorfeld von einem allergologisch erfahrenen Arzt durchgeführt werden.

Diagnose

Zur sicheren Diagnose einer Zuckerverwertungsstörung im oberen Dünndarmabschnitt wird heute der H_2-Atemtest eingesetzt. Sie bekommen eine Zuckerlösung (Laktose, Fruktose, Sorbit oder Glukose) zu trinken, und in Abständen von jeweils 20 Minuten über einen Zeitraum von mindestens zwei (besser drei) Stunden wird die H_2-Konzentration in Ihrem Atem gemessen. Steigt der Wert deutlich an, kann der Arzt davon ausgehen, dass ein Teil des Zuckers bis in den Dickdarm gelangt ist, wo er von den Dickdarmbakterien verstoffwechselt wurde. Damit ist die Diagnose für den jeweils getesteten Zucker positiv und eine Zuckerverwertungsstörung nachgewiesen.

Bluttests, Stuhluntersuchungen und sogenannte Eliminationsdiäten sind nicht empfehlenswert, da sie keine hilfreichen Hinweise geben und möglicherweise zu einer falschen therapeutischen Entscheidung führen. Folgende Beschwerden sind bei Zuckerverwertungsstörungen möglich:

- Bauchschmerzen bis hin zu Krämpfen
- deutlich hörbare Darmgeräusche
- Blähungen
- nicht abgehende Blähungen
- Durchfall, Verstopfung
- wechselnde Stuhlkonsistenz
- Druck im Oberbauch
- Magenschmerzen
- Übelkeit, allgemeines Unwohlsein

Milchzuckerunverträglichkeit

Die Milchzuckerunverträglichkeit oder auch Laktoseintoleranz ist durch das Fehlen eines Enzyms (Laktase) gekennzeichnet. Das heißt, dass der Milchzucker im oberen Verdauungstrakt nicht ordnungsgemäß gespalten werden kann und in tiefere Darmabschnitte gelangt, wo er nicht hingehört und Beschwerden verursacht. Im Dickdarm wird der Milchzucker von den Darmbakterien zu kurzkettigen Fettsäuren, Kohlendioxid und Wasserstoff verstoffwechselt.

Zu einem geringen Prozentsatz kann die Milchzuckerunverträglichkeit auch durch eine Dünndarmerkrankung oder andere Ursachen bedingt sein. Hier ist nur ein vorübergehender Enzymmangel zu finden. Der medizinisch korrekte Begriff ist hierfür dann Laktosemaldigestion. Wird bei einer Laktosemaldigestion die Grundursache behandelt, steigt die Verträglichkeit für Laktose meist auch wieder an. Daher ist eine gute ärztliche Betreuung sehr wichtig.

Fruktosemalabsorption

Für die Aufnahme von Fruchtzucker aus dem Dünndarm ist der sogenannte GLUT-5-Transporter zuständig. Dieses Transportsystem arbeitet auch bei jedem gesunden Menschen deutlich träger als alle anderen Aufnahmetransporter für Zucker in unserem Körper. Essen wir also größere Mengen an Fruchtzucker, hat dies meist bei allen Menschen eine abführende Wirkung. Und: Zu viel Fruchtzucker tut niemandem gut.

Auch eine einmalige hohe Fruktosebelastung, das wären z. B. eine große Portion Apfelmus und dazu ein Glas O-Saft, kann zu einem sogenannten Fruktoseüberhang und damit zu Bauchbeschwerden führen. Und hierfür muss die Transporterfunktion des GLUT-5 nicht gestört sein!

Die Zuckerverwertungsstörung für Fruchtzucker, die *Fruktosemalabsorption* bezeichnet ein defektes Transportsystem im Dünndarm. Bei den Betroffenen führen Fruchtzuckermengen unter 25 g schon zu deutlichen Beschwerden. Auch bei der Fruktosemalabsorption gelangt – ähnlich wie bei Milchzucker – Fruktose in den Dickdarm und wird dort von Darmbakterien zu kurzkettigen Fettsäuren, Kohlendioxid und Wasserstoff verarbeitet, weil die Fruktose im oberen Dünndarmabschnitt nicht ordnungsgemäß aufgenommen wurde. Die Folge: Bauchschmerzen, Blähungen und/oder Durchfall.

Nicht zu verwechseln mit der hereditären Fruktoseintoleranz

Die Fruktosemalabsorption darf nicht verwechselt werden mit der hereditären Fruktoseintoleranz. Hier liegt ein Enzymmangel (Aldolase B) in der Leber vor. Diese Form der Fruchtzuckerunverträglichkeit kommt viel seltener vor (1 von 20 000 Neugeborenen) und bedarf einer lebenslangen streng fruktosefreien Kost, weil sonst Leber- und Nierenschädigungen drohen. Vorsicht: Viele Ernährungsempfehlungen im Internet verwenden Lebensmittelempfehlungen der hereditären Fruktoseintoleranz und sind **für Sie nicht geeignet**. Man weiß heute, dass eine fruktosefreie oder eine zu strenge fruktosearme Kost für Fruktosemalabsorber über einen längeren Zeitraum anstatt zu einer Besserung zu einer immer größer werdenden Empfindlichkeit führt.

Sorbitunverträglichkeit

Sorbit gehört zur Gruppe der Zuckeraustauschstoffe (Zuckeralkohole). Sorbit wird im Verdauungstrakt durch die Darmwand ins Blut transportiert und von dort zur Leber gebracht, wo es verstoffwechselt wird. Bei einer Sorbitunverträglichkeit ist die sowieso schon deutlich niedrigere Aufnahmekapazität von Sorbit im Vergleich zu anderen Zuckern zusätzlich gestört. Die genaue Ursache dieser Verwertungsstörung ist noch nicht bekannt. Sicher ist jedoch, dass auch bei dieser Unverträglichkeit nicht resorbiertes Sorbit in tiefere Darmabschnitte gelangt, wo es nicht hingehört. Die Folge: Wenige Stunden nach dem Verzehr kommt es zu Bauchschmerzen, Blähungen und/ oder Durchfall. In seltenen Fällen jedoch auch zu Verstopfung.

Isolierte Sorbitunverträglichkeit

Eine Sorbitunverträglichkeit kann in Kombination mit einer Laktoseintoleranz und/oder Fruktosemalabsorption auftreten. Hin und wieder findet sich jedoch auch eine isolierte Sorbitunverträglichkeit. Leiden Sie an einer solchen isolierten Sorbitunverträglichkeit, vertragen Sie fruktosereiche Lebensmittel durchaus. Studien belegen, dass Sorbit vorrangig durch einen anderen Mechanismus aufgenommen wird.

Leider ist die Datenlage bezüglich des Sorbitgehaltes von Lebensmitteln (bzw. Zuckeralkoholen gesamt) nicht gut. Wir haben Ihnen in der hinteren Klappe eine Liste von Lebensmitteln und ihrem Sorbitgehalt erstellt. Zu den sehr sorbitreichen Lebensmitteln zählen beispielsweise Trockenfrüchte, insbesondere getrocknete Pflaumen. Wenn Sie an einer isolierten Sorbitunverträglichkeit leiden, hilft es Ihnen aber vor allem, wenn Sie beispielsweise mehrere kleine Mahlzeiten über den Tag verteilt essen. Neben dem Verzicht von sorbitreichen Lebensmitteln können wir Ihnen folgende Empfehlungen ans Herz legen:

- ausreichend trinken über den Tag verteilt
- mehrere kleine Mahlzeiten über den Tag verteilt
- keine großen Abstände zwischen den Mahlzeiten
- regelmäßig frische Milch- und Milchprodukte verzehren
- Kostzusammenstellung wie bei der mediterranen Mischkost, d. h. mit einem ausgewogenen Fettanteil und einer guten Portion Eiweiß (Protein)
- keine voluminösen schwer verdaulichen Getreideprodukte (z. B. Schrotbrote, reine Roggenbrote), besser sind fein gemahlene Vollkornprodukte
- keine schwer verdaulichen Gemüsesorten (Kohlgemüse, Zwiebeln) vor allem zu Beginn der Ernährungsumstellung
- auf Zuckeraustauschstoffe (Mannit, Isomaltit, Maltit, Laktit) verzichten, da diese immer auch blähende und abführende Wirkung zeigen können
- zuckerfreie Süßwaren (Kaugummi, Bonbons, Müsliriegel) meiden
- Produkte, die Zuckeraustauschstoffe (insbesondere Sorbit) als Frisch- oder Feuchthaltemittel enthalten (abgepackter Kuchen, Kaubonbons) meiden. Lesen Sie hierzu stets die Zutatenliste. Der Name des Austauschstoffes (S. 19) oder dessen E-Nummer müssen immer angegeben werden.

Histaminunverträglichkeit

Eine Begleiterkrankung zu kombinierten Kohlenhydratunverträglichkeiten kann die Histaminunverträglichkeit, die auch als Histaminintoleranz bezeichnet wird, sein.

Die genauen Hintergründe sind noch nicht bekannt. Außerdem ist eine sichere Diagnose bei dieser Unverträglichkeit sehr schwierig, da weder Test noch Untersuchung nach derzeitiger aktueller Studienlage eine sichere Aussagekraft zulassen. Vermutlich führt eine unzureichende Aktivität des Enzyms neben pseudoallergischen Reaktionen zu den unten aufgeführten Beschwerden. Auffallend jedoch bleibt, dass die als histaminreich geltenden Lebensmittel bei den Betroffenen zu Beschwerden führen können.

Der Verdacht auf eine Unverträglichkeit auf Histamin und andere biogene Amine kommt häufig von erfahrenen Ernährungsfachkräften, die mithilfe des Ernährungs- und Symptomprotokolls Zusammenhänge zwischen bestimmten Lebensmitteln und Symptomen erkennen können. Die Suche nach den Übeltätern ist schwierig, weil es sich um ein mengenabhängiges, scheinbar durch verschiedene Mechanismen beeinflusstes Krankheitsbild handelt. Typische Beschwerden sind:

- Magenschmerzen, Völlegefühl, Übelkeit, Aufstoßen
- Darmkrämpfe, Blähungen, Durchfall
- Kopfschmerzen, Migräne, Benommenheit

- Schwindelgefühl und Kreislaufbeschwerden
- chronisch niedriger Blutdruck
- häufiges Niesen und rinnende Nase
- Hautirritationen, Nesselsucht (Urtikaria)
- gerötete Augen, Augenjucken
- Herzrhythmusstörungen oder Herzstolpern

Leiden Sie neben Beschwerden des Verdauungstraktes auch unter mindestens zwei weiteren Symptomen aus der Liste, ist eine Unverträglichkeit auf Histamin nicht ausgeschlossen.

Die Übeltäter sind reifer Käse, Rotwein und Schokolade

Histamin gehört zur Gruppe der biogenen Amine und ist in zahlreichen Lebensmitteln enthalten. Nicht nur histaminreiche Nahrungsmittel sondern auch Lebensmittel, die reich an anderen biogenen Aminen sind, sollten Sie anfangs meiden, da sie eher schlecht verträglich sind. Folgende Lebensmittel lösen bei einer Histaminunverträglichkeit in Abhängigkeit von der Menge Beschwerden aus:

- Alkohol, insbesondere Rotwein und Sekt
- Tomaten, vor allem in konzentrierter Form (Tomatenmark, -ketchup, -saucen)
- Sauerkraut, Spinat
- Aubergine
- konservierter Fisch (z. B. Thunfisch, Hering, Lachs, Makrele, Sardinen)
- Bananen, Zitrusfrüchte
- einige Nusssorten
- Schokolade
- haltbar gemachte Dauerwürste (z. B. Salami, Mettenden)
- haltbar gemachtes Fleisch (z. B. roher Schinken, Kassler)
- sehr reifer und gelagerter Käse (z. B. Emmentaler, alter Gouda)

Sollten Sie diese Lebensmittel verdächtigen, meiden Sie sie vorerst für drei bis vier Wochen konsequent. Kommt es zu einer deutlichen Besserung, sollte nun langsam wieder ausprobiert werden, in welchen Portionsgrößen die weggelassenen Lebensmittel noch verträglich sind. Dies ist derzeit nach Studienauswertung der einzige Weg, den diagnostischen Beweis antreten zu können. Am besten, Sie lassen sich bei diesem schwierigen uneinheitlichen Krankheitsbild von einer erfahrenen Ernährungstherapeutin begleiten (www.ak-dida.de).

Wichtig: Wenn bei Ihnen eine Laktose-, Fruktose- und/oder Sorbitunverträglichkeit festgestellt worden ist, sollten Sie im ersten Schritt vor allem Ihre Ernährung umstellen und dabei nur auf diese Zuckerstoffe verzichten. Erst wenn Sie nach zweiwöchiger Karenzphase unter laktose-, fruktose- und sorbitarmer Kost

> ### Natriumglutamat
>
> Viele Menschen, die an Histaminintoleranz leiden, reagieren empfindlich auf den Geschmacksverstärker Natriumglutamat (E-Nummern E 620 bis E 625). Dieser findet sich in vielen Gewürzmischungen wie auch in fast allen gekörnten Gemüsebrühen. Ähnliche Substanzen mit geschmacksverstärkender Wirkung verbergen sich hinter den Nummern E 626 bis E 635.

nicht beschwerdefrei geworden sind, sollte eine Unverträglichkeit ggf. auf Histamin in Betracht gezogen werden.

Hilfreiche Tricks für den Küchenalltag

Grundsätzlich ist es wichtig für Sie zu wissen, dass Fette und Eiweiße die Verweildauer im Magen verlängern. Wenn Sie also die verdächtigen Zucker so »verpacken«, dass sie mit Eiweiß und Fett verzehrt werden, gelangen deutlich kleinere Mengen Zucker langsamer in den Dünndarm. So können Ihre Restkapazitäten der Zuckertransporter im Darm besser ausgenutzt werden. Die Beschwerden nehmen ab. Beispielsweise kann ein Pfirsich in einer laktosearmen Quarkspeise als Dessert deutlich besser vertragen werden als ein reines Pfirsichkompott als Zwischenmahlzeit am Nachmittag. Aus diesem Grund finden Sie zu den Rezepten bewusst keine Angaben zum Fruktose-, Laktose- und Sorbitgehalt. Bei guter Verteilung der schlecht verträglichen Zuckerstoffe über den Tag und einer günstigen »Verpackung« ist eine starre Begrenzung der Fruktosemenge auf z. B. 5 g pro Tag unnötig und führt bei vielen Betroffenen dazu, dass sich langfristig ihre Unverträglichkeit verstärkt.

Neben diesem Verpacken ist eine weitere große Hilfe, wenn zu Beginn der Ernährungsumstellung auch blähende und schwer verdauliche Lebensmittel ersetzt werden. Diese können Sie langsam wieder ausprobieren, sobald es Ihnen einige Tage gut geht. Die eher als schwer verdaulich und blähungsfördernd verantwortlichen Lebensmittel finden Sie in der dreistufigen Tabelle (S. 28) kursiv gekennzeichnet.

Säule einer hilfreichen Ernährungsumstellung aber bleibt der ausreichende Verzehr von Gemüse. Sowohl gegarte Zubereitungen als auch Tiefkühlvariationen sind in jeder Phase einer Zuckerverwertungsstörung wesentlich für die tägliche Speiseplangestaltung.

Augen auf bei zuckerfreien Süßigkeiten

Bei jeder Zuckerverwertungsstörung sollten Sie zudem Zuckeralkohole (S. 19) meiden, da diese – in großen Mengen verzehrt – immer abführend wirken. Zuckerfreie Kaugummis oder Lutschpastillen haben in der Regel einen sehr hohen Gehalt an Zuckeraustauschstoffen, sodass hin und wieder schon drei Lutschpastillen auch beim Gesunden Beschwerden auslösen. Durchforsten Sie Ihre Süßigkeitenschublade und entfernen Sie alles, was Sorbit, Mannit, Isomaltit, Maltit oder Laktit enthält.

Geht es Ihrem Bauch schon viel besser oder sogar vollständig gut, sollten Sie generell den verdächtigen Zucker in Ihrer Kost langsam wieder erhöhen, um Ihre individuelle Toleranzgrenze zu ermitteln. *Insbesondere für Fruktose ist diese erneute langsame Steigerung wesentlich für die langfristige Besserung!* Verzichten Sie zu lange auf Fruktose, vertragen Sie immer weniger davon.

Richtig essen bei Zuckerverwertungs-Störungen

Unter dem Begriff Zucker versteht man die zusammengefasste Bezeichnung für wasserlösliche und meist süß schmeckende Kohlenhydrate. Im täglichen Sprachgebrauch wird der Begriff Zucker für eine Vielzahl von Süßungsmitteln verwendet. Doch die Kennzeichnungsvorschriften sind strenger: Der Begriff Zucker auf der Zutatenliste benennt nur eine ganz bestimmte Kombination von zwei Einfachzuckern, nämlich die Kombination von Glukose und Fruktose, was dem ganz normalen Haushaltszucker entspricht.

Steckbrief: Laktose

Laktose ist ein sogenannter Zweifachzucker (zusammengesetzt aus Glukose und Galaktose). Kuhmilch hat einen Laktosegehalt von etwa 5 %. Beachten Sie, dass auch die Milch anderer Tiere (Stute, Ziege, Schaf) einen vergleichbaren Laktosegehalt hat und daher bei einer Milchzuckerunverträglichkeit nicht geeignet ist. In den meisten Sauermilchprodukten wie Quark, Joghurt und Buttermilch steckt zwar etwas weniger Laktose als in reiner Milch oder Sahne, aber trotzdem führt auch diese zugeführte Laktosemenge noch schnell zu Beschwerden. Eine genaue Liste aller Milchprodukte mit dem entsprechenden Gehalt an Laktose finden Sie im hinteren Buchumschlag. Aber aufgepasst: Der Laktosegehalt in Butter und Schnittkäse (Gouda, Butterkäse, Emmentaler, Bergkäse) ist so gering, dass Ihnen diese Lebensmittel in üblichen Portionsgrößen fast nie Probleme bereiten.

Aufgrund ihrer lebensmitteltechnologischen Eigenschaften wird Laktose häufig verwendet. Daher steckt Laktose nicht selten in Fertig- und Halbfertiggerichten – vor allem auch in Gewürzmischungen, Cremesuppen. Auch Gemüsefertigprodukten wird häufig Laktose beigemischt. Hinter folgenden Begriffen auf der Zutatenliste verbirgt sich Laktose:
- Laktose/Milchzucker
- Magermilchpulver
- Molkenpulver
- Molkereierzeugnisse
- Trockenmilch

Die neue Kennzeichnungsverordnung

Die Verordnung für Lebensmittelkennzeichnung gibt vor, dass Laktose/Milchzucker deklarationspflichtig ist, also angegeben werden muss. Hinter der Bezeichnung »Zuckerstoffe« kann sich kein Milchzucker verbergen. Und wenn es nicht angegeben ist, darf es auch nicht enthalten sein. Ab Dezember 2014 gilt diese Regelung auch für sogenannte »lose Ware« wie z. B. Kuchen und Gebäck vom Bäcker oder Wurst vom Fleischer.

Immer öfter liest man aufgrund dieser neuen Kennzeichnungsverordnung auf einer Packung die Aufschrift: »Kann Spuren von Milch enthalten.« Dieser Hinweis sollte Sie nicht irritieren! Er deutet darauf hin, dass im gleichen Unternehmen auch milchhaltige Lebensmittel verarbeitet werden und der Hersteller eine Verunreinigung nicht ausschließen kann. Wenn überhaupt Laktose in Ihrem gekauften Produkt enthalten ist, dann in einer so geringen Menge, dass Sie mit Sicherheit keine Beschwerden haben werden.

Laktosearmer Genuss – kein Problem

In nahezu jedem Supermarkt finden Sie von verschiedenen Herstellern laktosearme Milchprodukte. Die ursprünglich enthaltene Laktose (Doppelzucker aus Glukose und Galaktose) wurde bereits gespalten, sodass sich in laktosearmen Milchprodukten nur noch die Einfachzucker Glukose und Galaktose befinden. Deswegen schmeckt laktosearme Milch auch etwas süßer: weil sie isolierte Glukose (Traubenzucker) enthält.

Wenn Sie auf pflanzliche Milchalternativen wie Soja-, Reis- oder Haferdrinks zurückgreifen möchten, sollten Sie darauf achten, dass Ihre Kalzium-, Ihre Vitamin-B_2- und auch Ihre Eiweißversorgung sichergestellt ist, da es langfristig ansonsten zu schweren Mangelerscheinungen kommt! Pflanzliche Drinks haben nicht annähernd den Nährstoffgehalt wie Milch und sollten keinesfalls langfristig eingesetzt werden.

Schokolade mit einem sehr hohen Kakaoanteil ist meist laktosefrei, weil sie gar keinen Milchbestandteil enthält. Zudem liefert sie weniger Zucker, aber dafür mehr Fett, was sie auch bei gleichzeitig bestehender Fruktosemalabsorption verträglicher macht.

Steckbrief: Fruktose

Fruktose ist ein Einfachzucker (Monosaccharid) und wesentlicher Baustein des Rohr- und unseres »normalen« Rübenzuckers. In vielen Nahrungsmitteln, vornehmlich Obst und Fruchtsäften, und auch in einigen Gemüsesorten ist ebenfalls Fruktose enthalten. Die Süßkraft von Fruktose beträgt etwa 130 % verglichen mit Saccharose (Haushaltszucker). Aufgrund dieser höheren Süßkraft von Fruktose, verwendet die Lebensmittelindustrie vermehrt Fruchtzucker anstatt Glukose oder normalem Haushaltszucker.

Zucker ist für Menschen mit Fruktosemalabsorption zwar schlecht verträglich, doch darf man nicht vergessen, dass die Fruktosemalabsorption eine mengenabhängige Reaktion ist. Wenn Sie in der Zutatenliste von herzhaften Lebensmitteln (z. B. Wurst, Senf, Gewürzmischungen) den Begriff Zucker entdecken, können Sie in der Regel bedenkenlos zugreifen. Die Mengen sind so gering, dass es bei üblichen Portionsgrößen nicht zu Beschwerden kommt.

Deutlich vorsichtiger sollten Sie bei einigen Getränken sein – Wellnessgetränke und aromatisierte Mineralwässer können einen sehr hohen Fruktosegehalt aufweisen. Lesen Sie bei entsprechenden Getränken in jedem Fall die Zutatenliste. Der Fruktosegehalt kann bis zu 70 g pro Liter betragen. Schon ein halber Liter hiervon kann selbst einem gesunden Bauch Beschwerden bereiten!

Traubenzucker statt Haushaltszucker

Bei dem Verzehr von Fruktose ist es von Bedeutung, in welcher Menge und Form Sie sie aufnehmen. So werden Sie Fruktose besser vertragen, wenn Sie sie mindestens im ausgeglichenen Verhältnis von Fruktose zu Glukose (Traubenzucker) aufnehmen. Bei einigen Früchten wie z. B. bei Bananen ist dies schon von Natur aus der Fall. Manchmal hilft ein effektiver Trick: Essen Sie Fruchtzucker und Traubenzucker gleichzeitig, so ist die Fruktoseaufnahme im oberen Dünndarmabschnitt merklich verbessert. Probieren Sie diesen Trick in der 2. Testphase unseres 3-Stufen-Plans (S. 28). In der 1. Phase lautet die generelle Empfehlung wenig Süßungsmittel und wenn, dann Traubenzucker anstatt Haushaltszucker. Bei einer isolierten Sorbitunverträglichkeit (S. 13) hilft dieser Trick leider nicht.

Das Verhältnis von Fruktose zu Glukose

In der Tabelle am Ende des Buches haben wir Ihnen eine Übersicht der Obstsorten erstellt, und ihr Verhältnis von Fruktose zu Glukose. Ist der Zuckergehalt insgesamt auffallend hoch, empfehlen wir, vorerst diese Sorten zu meiden. Das Verhältnis von Fruktose zu Glukose sagt generell etwas über die Verträglichkeit aus. Ist es größer als 1, wie beim Apfel oder bei der Birne, verursacht dies meist Probleme. Ist das Verhältnis von Fruktose zu Glukose kleiner als 1, so können Fett, Eiweiß oder Glukose als Transporthelfer dienen –

diese Obstsorten sind deutlich verträglicher. Wer ein Stück Obst als Zwischenmahlzeit genießen möchte und keine Möglichkeit hat, es mit fett- und/oder eiweißreichen Lebensmitteln zu kombinieren, kann ggf. ein kleines Stück Traubenzucker dazu essen, wodurch es besser verträglich wird. Dies gilt vor allem bei Sorten mit einem von Natur aus ungünstigen Fruktose-Glukose-Verhältnis.

Übersichtlich und alltagstauglich finden Sie eine Vielzahl von Lebensmitteln nach dem Zuckergehalt und ihrer Verträglichkeit im 3-Stufen-Plan (S. 28) sortiert. Versuchen Sie, vorerst einen Bogen um diese aufgeführten Obstsorten in der dritten Spalte zu machen.

Keine Angst vor Vitaminmangel

Nur ganz zu Beginn vertragen Sie einige Obstsorten nicht. Hier eine kleine Auswahl an Obstsorten und deren Vitamin-C-Gehalt. Zudem wird Vitamin C (bzw. Ascorbinsäure/Ascorbat: Kürzel E 300, E 301, E 302, E 316) ab und an auch in leicht verderblichen Lebensmitteln eingesetzt.

Steckbrief: Sorbit, Sorbitol, E 420

Sorbit ist ein häufig verwendeter Zuckeraustauschstoff und kommt

Vitamin-C-Gehalt einiger gut verträglicher Obstsorten je 100 g

Himbeeren	25 mg
Blaubeeren	20 mg
Bananen*	12 mg
Orangen*	50 mg
Grapefruit*	45 mg
Mandarinen	30 mg
Rhabarber	10 mg
Honigmelone	30 mg
Ananas*	19 mg
Stachelbeeren	35 mg
Johannisbeeren (schwarz)	175 mg
Johannisbeeren (rot)	35 mg

* nicht bei gleichzeitiger Histaminintoleranz

natürlicherweise auch in vielen Früchten vor. Von der Industrie aus Glukose hergestellt ist es ein weißes feines Pulver, das leicht wasserlöslich und koch- und backfest ist. Sorbit ist nur halb so süß wie Haushaltszucker. Sorbit oder Sorbitol besitzt viele gute technologische Eigenschaften. In der Lebensmittelindustrie wird es als Zusatzstoff E 420 eingesetzt. Beispielhafte Verwendungszwecke sind als kalorienfreundliches Süßungsmittel, Feucht- und Frischhaltemittel (z. B. bei Kaugummi), zur Oberflächenbehandlung (z. B. bei Rosinen), zur Verbesserung der Haltbarkeit, als Bestandteil von Mischbackhilfsmitteln, zur Stabilisierung von Milchpulver.

Zahnpasta enthält fast immer Sorbit. Da jedoch keine nennenswerten Mengen Zahnpasta in den Verdauungstrakt gelangen, löst sie auch keine Beschwerden aus. Lediglich sorbithaltige Mundwässer, mit denen gegurgelt wird, bergen die Gefahr, dass eben doch mal kritische Mengen aus Versehen hintergeschluckt werden.

Andere Zuckeraustauschstoffe

Neben Sorbit gibt es noch weitere Zuckeraustauschstoffe, die auch als sogenannte Zuckeralkohole bezeichnet werden. Sie zeichnen sich durch gute lebensmitteltechnologische Eigenschaften aus. Zuckeraustauschstoffe werden heutzutage oft eingesetzt, weil sie sich gut verarbeiten lassen und auch andere Vorteile für die industrielle Produktion haben. Sie müssen immer mit ihrem Namen oder mit ihrer E-Nummer in der Zutatenliste aufgeführt werden. Fast alle zeigen eine verdauungsproblematische Wirkung. Verdauungsempfindliche Menschen sollten Zuckeraustauschstoffe grundsätzlich meiden.

Achtung, zahnfreundlich!
Die Süßkraft von Zuckeraustauschstoffen liegt mit 40 bis 70 % unterhalb der von normalem Haushalts-

Zuckeraustauschstoffe und ihr Einsatz

Mannit E 421	Der Zuckeralkohol Mannit kommt in der Natur in Algen, Pilzen und einigen Baumarten (Mannaesche) vor. Industriell wird er aus Fruchtzucker hergestellt.
Isomaltit (Palatinit) E 953	Isomalt ist synthetisch hergestellter Zucker aus Saccharose. Er zeichnet sich durch seine zahnschonenden Eigenschaften aus.
Maltit E 965	Maltit wird industriell durch Verzuckerungsprozesse aus Stärke gewonnen und findet sich häufig in zuckerfreien Süßigkeiten als Maltitsirup.
Laktit E 966	Laktit wird auf der Basis von Milchzucker hergestellt. Er besitzt weniger als die Hälfte der Süßkraft von Haushaltszucker. In Kombination mit Süßstoffen kann er die Wirkung von eingesetzten Aromen und die Süßkraft unterstützen.
eher verdauungsunkritisch, also eher verträglich	
Xylit (Holzzucker) E 967	Zucker, der aus Xylose gewonnen wird. Verschiedene Früchte, Beeren, aber auch Pilze und einige Gemüsesorten enthalten Xylose. Es ruft einen kühlenden Effekt auf der Zunge hervor. Das Pulver ist weiß und geruchlos. Erhältlich in Bioläden und Reformhäusern.
Erythiol, Erythrit (E 986)	Herstellung erfolgt durch mikrobielle Umwandlung, vorzugsweise aus Glukose und Saccharose. Verdauungsunproblematisch, erhältlich in Bioläden und Reformhäusern.

Zuckerkunde für Bauchpatienten

Süßungsmittel	Verträglichkeit	
Traubenzucker (Glukose)	▲	Die Aufnahme von Glukose erfolgt im Dünndarm über verschiedene Transporter, die – im Vergleich zu anderen Zuckertransportern – besonders leistungsfähig sind.
		Traubenzucker (Glukose) ist im Handel als weißes, leicht lösliches Pulver erhältlich und besonders verträglich. Er ist koch- und backfest.
Reissirup	▲	Aus Reis gewonnener Sirup mit einem hohen Anteil an Glukose und Maltose, hat daher einen leicht malzig-süßen Geschmack.
Dinkelsirup	▲	Aus Dinkel gewonnener Sirup mit einem hohen Anteil an Glukose und Maltose, hat daher einen leicht malzig-süßen Geschmack.
Malz, Maltose, Malzzucker	▲	Wird aus Gerste, Reis, Mais oder Weizen hergestellt. Malz bezeichnet einen Doppelzucker aus zwei Molekülen Glukose. Er besitzt nur eine milde Süßkraft.
Haushaltszucker (Saccharose/Sucrose)	▶	Fruchtzucker mit Traubenzucker verbunden
Rohzucker	▶	Wird aus Sirup durch Zentrifugieren und Sieden hergestellt.
Rohr-, Rohrohr- und Vollrohrzucker/Ursüße	▶	Aus Zuckerrohr gewonnener Zucker, der noch geringe Anteile an Mineralstoffen und Melasse enthält, sodass er eine dunkle Farbe hat. Vollrohrzucker wird auch als »Ursüße« im Handel angeboten.
Weißzucker	▶	Wird der Sirup nach dem Zentrifugieren noch mehrfach gewaschen, entsteht dieser weiße Zucker.
Einmachzucker	▶	Grobporige Sorte von besonderer Reinheit und guter Qualität, der zur Saftgewinnung, zum Einfrieren und zum Herstellen von Zuckerlösungen für die Herstellung von Konfitüren benötigt wird.
Gelierzucker	▶	Mischung aus weißem Zucker, Apfelpektin und Zitronensäure, wird für die Herstellung von Marmeladen, Gelee und Konfitüren verwendet.
Spezial-Gelierzucker	▶	Gelierzucker (weißer Zucker, Apfelpektin Zitronensäure), dem zusätzlich auch ein Konservierungsstoff zugesetzt wird. Spezial-Gelierzucker wird für Fruchtzubereitungen verwendet, die weniger süß sein sollen.
Raffinade oder Kristallzucker	▶	Bezeichnung für Haushaltszucker bester Qualität, der sich gut auflöst und hoch gereinigt ist.
brauner Zucker	▶	Wird durch Karamellisieren aus Zuckerrübensirup gewonnen und auch als Farin- oder Kandiszucker angeboten; Kandis ist ein Sammelbegriff für grobe Zuckerkristalle von unterschiedlicher Größe.

Andere Zuckeraustauschstoffe

Süßungsmittel	Verträglichkeit	
Hagelzucker	▶	Grobkörniger Zucker, der aus weißem Zucker hergestellt wird.
Puderzucker (Staubzucker)	▶	Raffinade oder Kristallzucker, der durch Mahlen hergestellt wird.
Vanillezucker	▶	Mischung aus weißem Zucker und echtem, fein geriebenem Vanillemark
Vanillinzucker	▶	Mischung aus weißem Zucker mit mindestens 0,1 % Vanillin-Aroma (naturidentischer Aromastoff)
Würfelzucker	▶	Angefeuchtete Raffinade, die zu Würfeln gepresst und anschließend getrocknet wird.
Rübensirup	▶	Zuckerkraut oder auch Rübensaft entstehen durch einen Kochprozess aus Zuckerrüben. Der gewonnene Saft wird gereinigt und bei 60 bis 70 Grad eingedickt.
Ahornsirup	▶	Saft des Ahornbaums, vorrangig aus Kanada und den USA. Der enthaltene Zucker ist überwiegend Saccharose, in geringen Mengen kommen auch Fruktose (Fruchtzucker) Glukose (Traubenzucker) vor.
Invertzucker	▶	Invertzucker wird aus Saccharose durch Zusatz von Säure hergestellt. Er ist eine Mischung aus Trauben- und Fruchtzucker zu gleichen Anteilen, der auch in hohen Konzentrationen noch wasserlöslich ist. Invertzucker kommt auch in Honig vor.
Sirup (Melasse)	▶	Gemisch von Zuckerkristallen
Honig	▼	Blütenhonig, Nektarhonig, Presshonig
Laktose	▼	Die Süßkraft von Laktose beträgt nur 20 %, daher kommt sie als Süßungsmittel nicht zum Einsatz.
Fruktose/Fruktosesirup	▼	Fruchtzucker ist im Handel als weißes, leicht löslich Pulver erhältlich. Er ist koch- und backfest. Bei Gebäck führt er zu einer deutlich stärkeren Bräunung.
Dicksäfte/Agavendicksaft	▼	Saft aus einem mittelamerikanischen Kaktus. Der austretende Saft wird eingekocht, sodass ein Dicksaft entsteht, der fast ausschließlich Fruchtzucker enthält.
Frucht-Dicksäfte (Birnendicksaft/Apfeldicksaft)	▼	Die Herstellung erfolgt aus Fruchtsäften, wobei 7 bis 10 l Fruchtsaft auf rund 1 l Dicksaft eingekocht werden.
Diabetikersüße	▼	besteht zu 99 % aus Sorbit

zucker. Da Bakterien, die an der Kariesbildung im Mundraum beteiligt sind, Zuckeraustauschstoffe nicht verwerten können, werden Sie unter anderem in sogenannten zahnfreundlichen Produkten wie beispielsweise Kaugummi, Dragees und kalorienreduzierten, »zuckerfreien« Süßigkeiten eingesetzt. Ihr Energiegehalt liegt meist zwischen 200 bis 400 kcal pro 100 Gramm. Herkömmliche Lutschbonbons enthalten rund 350 kcal pro 100 Gramm.

In höheren Mengen können die meisten Zuckeralkohole – nicht nur Sorbit – zu Blähungen, Bauchschmerzen und Durchfall führen und abführend wirken. Grundlegende Ursache hierfür ist ihre verzögerte Aufnahme im Dünndarm. Daher müssen Lebensmittel mit mehr als 10 % Zuckeraustauschstoffen mit dem Hinweis »kann bei übermäßigem Verzehr abführend wirken« versehen werden.

Hilfreiche Zuckerkunde für Bauchpatienten

Inulin ist ein unverdaulicher Mehrfachzucker, der zu 95 % aus Fruktose und zu 5 % aus Glukose besteht.

Oligofruktose beschreibt eine Fruktosekette aus bis zu zehn Fruktosemolekülen.

Inulin und Oligofruktose gehören zu der Gruppe der Ballaststoffe. Diese können vom Körper nicht resorbiert, aber von den »guten« Bakterien im Dickdarm zu kurzkettigen, organischen Säuren verarbeitet werden. Bei diesem Prozess können auch Darmgase (Blähungen) entstehen. Zu finden sind diese beiden unverdaulichen Fruktosequellen vor allem in Lebensmitteln mit sogenannter präbiotischer Wirkung. Dazu gehören in erster Linie Gemüse- und Joghurtprodukte.

Süßstoffe

Im Vergleich zum normalen Haushaltszucker ist die Süßkraft von Süßstoffen 30- bis 13 000-mal höher. Eine Süßstofftablette beispielsweise hat meist die gleiche Süßkraft wie ein Stück Würfelzucker. Ein Teelöffel Flüssigsüße entspricht ungefähr der Süßkraft von vier gehäuften Esslöffeln Haushaltszucker. Sogenannte Streusüße lässt sich meist im Verhältnis eins zu eins verwenden. Für die Süßstoffe und ihre Verwendung in der Lebensmittelindustrie gelten Höchstmengen. So wird sichergestellt, dass übliche Verzehrsmengen keinesfalls gesundheitliche Nebenwirkungen haben. Um die Süßstoffe rankt sich eine Fülle von Halbwahrheiten, die Sie womöglich sehr verunsichern.

Süßstoffe gehören nicht zur Gruppe der Kohlenhydrate. Sie werden nicht resorbiert, unterliegen also keiner Transporterfunktion. Daher werden sie bei einer Kohlenhydratunverträglichkeit – unabhängig ob Laktose, Fruktose oder Sorbit – problemlos vertragen. Sind sind gut verträglich! Zudem sind sie eine gute Alternative zum normalen Haushaltszucker, der in größeren Mengen, zumindest bei Fruktosemalabsorption, häufig für Beschwerden sorgt. Flüssige Süßstoffe enthalten einen minimalen Fruktoseanteil (weniger als 1 %), dies bereitet Ihnen aber keine Beschwerden. Bedenken Sie: Es kommt immer darauf an, wie viel Fruchtzucker und Laktose Sie zu sich nehmen. Bei diesen kleinen Mengen – ähnlich wie Laktose in Medikamenten – brauchen Sie sich keine Sorgen zu machen. Von vielen Ärzten wird der Süßstoff fälschlicherweise mit den Zuckeraustauschstoffen (z. B. Sorbit) verwechselt. Die daraus resultierende Empfehlung, auf Süßstofflimonaden zu verzichten, ist also falsch!

Süßstoffe haben sehr fremd klingende Namen

Name	E-Nummer	Süßkraftfaktor	Eigenschaften
Acesulfam K	E 950	200	koch- und backfest
Aspartam	E 951	200	zuckerähnlicher Geschmack
			intensiviert Fruchtaromen
			nicht koch- und backfest
			nur kurze Lagerfähigkeit
Cyclamat	E 952	30 – 35	gute Stabilität und Koch- und Backeigenschaften
Neohesperidin DC	E 959	400 – 600	gute Geschmackseigenschaften in Kombination mit anderen Süßstoffen
			als einzelner Süßstoff lakritzähnlicher Nachgeschmack
Neotam	E 961	7000 – 13 000	lang anhaltender Süßgeschmack
			Neben seinem sehr zuckerähnlichen Geschmack, verstärkt und intensiviert es Aromen.
Saccharin	E 952	450 – 500	hitze- und gefrierbeständig
			ohne Cyclamat leicht bitter
Sucralose	E 955	600	natürlicher Süß-Geschmack
			gute Koch- und Backeigenschaften
			auch für saure Lebensmittel geeignet
Stevia	E 960	200 – 300	Steviolglycoside werden in einem mehrstufigen Verfahren aus den geernteten Stevia-Blättern isoliert.
Thaumatin	E 957	2 000 – 3 000	Eiweißstoff aus der Katemfe-Frucht
			nur bedingt koch- und backfest
			lakritzeähnlicher Nachgeschmack

Leckerbissen:
Meine besonderen Lebensmittel

Laktosearme Milch

Was ist das?
Die ursprünglich enthaltene Laktose (Doppelzucker aus Glukose und Galaktose) wurde bereits von den Herstellern durch das Enzym Laktase gespalten. Dadurch liegen sie als Einzelzucker vor und schmecken häufig süßer.

Warum sind sie gut für mich?
Laktosearme Milchprodukte leisten einen unverzichtbaren Beitrag zur Nährstoff-, insbesondere zur Kalziumversorgung, aber auch zur Darmgesundheit. Und das ohne dass der störende Doppelzucker Probleme machen kann.

Hartkäse

Was ist das?
Hartkäse ist lang gereifter Käse – mitunter mit einer Reifezeit von bis zu zwei Jahren.

Warum ist Hartkäse gut für mich?
Appenzeller, Bergkäse, Emmentaler, Parmesan, Gouda, Butterkäse, Tilsiter und Pecorino enthalten wegen ihrer langen Reifezeit nur noch zu vernachlässigende Mengen an Laktose. Diese Käsesorten aus dem Normalsortiment bereiten in üblichen Portionsgrößen keine Probleme.

Traubenzucker

Was ist das?
Traubenzucker (Glukose) ist ein sogenannter Einfachzucker und im Handel als weißes, leicht lösliches Pulver erhältlich. Traubenzucker ist koch- und backfest.

Warum ist Traubenzucker gut für mich?
Fruktose wird besser vertragen, wenn sich das Obst in fett- oder eiweißreiche Lebensmittel verpacken lässt (beispielsweise als Quarkspeise). Wenn Ihnen bestimmte Obstsorten Probleme bereiten, können Sie etwas Traubenzucker dazu essen, so wird die Fruktoseaufnahme im oberen Dünndarmabschnitt verbessert.

  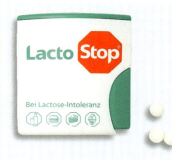

Süßstoffe

Was ist das?
Süßstoffe zählen nicht zu den Kohlenhydraten. Sie werden nicht resorbiert, unterliegen also keiner Transporterfunktion.

Warum sind Süßstoffe gut für mich?
Im Gegensatz zu den Zuckeraustauschstoffen entfalten Süßstoffe keinerlei verdauungsauffällige Wirkungen und sind daher unproblematisch. Light-Limonade ist aus diesem Grund für all diejenigen, die an einer Zuckerverwertungsstörung leiden, geeignet. Darüber hinaus können Süßstoffe zum Süßen (Desserts, Kaffee, Tee) verwendet werden.

Tiefkühl-Kohl

Was ist das?
Blumenkohl, Brokkoli, Rosenkohl und auch Kohlrabi sind häufig tiefgekühlt besser verträglich.

Warum sind die Kohlsorten tiefgekühlt gut für mich?
Diese tiefgekühlten Gemüsesorten sind für Laktose- und Fruktosepatienten häufig besser verträglich, weil sie weniger blähen. Da sich die blähenden Substanzen in Brokkoli und Blumenkohl vor allem in den Stielen befinden, profitieren Sie zusätzlich davon, wenn Sie diese nicht mitverwenden. Achten Sie grundsätzlich darauf, dass das tiefgekühlte Gemüse keine Zusätze wie beispielsweise Sahne enthält.

Laktase

Was ist das?
Laktase ist ein Enzym, das Laktose aufspaltet.

Warum ist Laktase gut für mich?
Sogenannte Laktasepräparate können vor allem beim Essen außer Haus Sinn machen. Laktasepräparate werden bei Bedarf eingenommen – im Restaurant, bei Einladungen oder beim Essen im Urlaub. Beachten Sie, dass es in Apotheken und Drogeriemärkten viele Präparate gibt, die sich durch ihre Mengen an enthaltenen Enzymen unterscheiden. Probieren Sie am besten selber, wie viel Enzym Sie vor einer entsprechenden Mahlzeit benötigen.

Richtig kochen:
So schmeckt die Umstellung

Der 3-Stufen-Plan

Das Ziel des 3-Stufen-Plans ist, durch eine Ernährungsumstellung für Ruhe in Ihrem Bauch zu sorgen.

1. Stufe: Karenzphase

Zu Beginn reduzieren Sie für zwei Wochen die Lebensmittel mit einem hohen Laktose-, Sorbit- oder Fruktosegehalt (Lebensmittel aus der 1. Spalte des 3-Stufen-Plans geeignet). Gerade in der 1. Stufe profitieren Sie davon, wenn Sie Rezepte mit mehr Fetten und Eiweiß zubereiten. Zudem können Sie in dieser Karenzphase Traubenzucker anstatt Haushaltszucker verwenden.

Lebensmittel, die auch bei gesunden Bäuchen häufiger mal Blähungen oder Unwohlsein verursachen, verbannen Sie für die folgenden zwei bis drei Wochen aus Ihrem Speiseplan. Diese Lebensmittel sind im 3-Stufen-Plan kursiv gedruckt. Jetzt sollten sich Ihre Beschwerden schnell bessern. Auch wenn Sie sich rasch besser fühlen – meiden Sie nicht länger als zwei Wochen Lebensmittel mit hohen Laktose-, Fruktose- und Sorbitmengen! Ihre Verträglichkeit von Fruktose würde dann immer geringer werden und die Lebensmittelauswahl immer eingeschränkter. Nachweislich kann der GLUT-5-Transporter durch eine geschickte Kombination von Fruktose und Glukose auch wieder »angekurbelt« werden (2. Stufe).

Sie können auf folgende Käsesorten aus dem Normalsortiment zurückgreifen, um Ihre tägliche Kalziumration zu sichern: Brie, Camembert, Weichkäse, Edelpilzkäse, Schafskäse, Mozzarella, Münsterkäse, Raclette, Räucherkäse, Sauermilchkäse.

2. Stufe: Testphase

Nach zwei Wochen ist es Zeit, dass Sie die verzehrten Fruktosemengen langsam wieder erhöhen – so ermitteln Sie Ihren individuellen Schwellenwert.

Nun können Sie Schritt für Schritt Lebensmittel der 2. Spalte (Testphase) ausprobieren und werden im Laufe der Zeit deutlich mehr Fruktose, z. B.

Obstgerichte, wieder aufnehmen können, ohne dass Beschwerden auftreten. Wir haben bei den Rezepten ein besonderes Augenmerk darauf gelegt, dass Fruktose und Sorbit geschickt verpackt sind. Sorgen Sie durch diese guten Kombinationen von Eiweiß und Fett innerhalb eines Gerichts dafür, dass Fruktose und Sorbit besser von Ihrem Bauch vertragen werden.

Probieren Sie zu Beginn nicht mehr als ein neues Lebensmittel pro Tag und notieren Sie, wie Ihnen das bekommt. Nutzen Sie eine zusätzliche Traubenzuckergabe jedoch nur, wenn sich das Obst nicht in fett- und eiweißreiche Lebensmittel verpacken lässt und es ohne Traubenzucker tatsächlich Beschwerden hervorruft. Die Laktosemenge halten Sie vorerst noch niedrig.

Bei den Käsesorten wird aufgrund des höheren Fettgehaltes der Speise von Beginn an eine etwas höhere Laktosemenge meist ohne Beschwerden vertragen. Lebensmittel, die diese Kriterien erfüllen, finden Sie in der mittleren Spalte (Testphase) des 3-Stufen-Plans.

Bei all unseren Rezepten finden Sie Anmerkungen, ob das Gericht für die jeweilige Stufe unseres 3-Stufen-Plans geeignet ist.

Nach wenigen Wochen haben Sie Erfahrung mit den Rezepten gemacht und Ihr Speiseplan hat sich sicherlich um einige verträgliche Lebensmittel erweitert. Probieren Sie nun aus, in welchem Umfang auch etwas größere Fruktose-, Sorbit- und Laktosemengen für Sie verträglich sind. Hierzu können Sie kleine Portionen der Lebensmittel aus der 3. Spalte testen.

Laktose in Käse ist kein Problem
Da normale Milchprodukte in üblichen Portionsgrößen nur selten vertragen werden, ist ein langfristiger Einsatz von laktosearmen Milchprodukten sinnvoll. So können Sie Laktosemengen, die Sie unbeabsichtigt in der Kantine oder im Restaurant zu sich nehmen, besser wegstecken.

Bei den Käsesorten wird eine etwas höhere Laktosemenge meist ohne Beschwerden toleriert.

3. Stufe: Langzeiternährung

Wenn Sie genügend Erfahrungen mit den verträglichen Lebensmitteln und dem »Verpacken« von Fruktose und Laktose gesammelt haben, ist es meist auch möglich, ab und an Lebensmittel der 3. Spalte vorsichtig auszuprobieren. Alle Lebensmittel, die Sie in der 2. Stufe getestet und die Ihnen keine Beschwerden bereitet haben, können Sie nun beruhigt essen und hier und da auch mal etwas aus der Stufe 3 testen. Meist bleiben dies aber Lebensmittel, deren Verträglichkeit deutlich eingeschränkt ist. Doch verzichten Sie nicht länger als unbedingt nötig auf fruktosehaltige Lebensmittel! Ein ruhiger Bauch und eine gute Nährstoffversorgung benötigen eine gute Mischung von täglich verzehrten Gemüse- und Obstmengen.

Ernährungs-Navi: Hier gehts jetzt lang

Der 3-Stufen-Plan auf einen Blick

	1. Stufe: fruktosearm, sorbitarm, laktosearm, wenig blähend **In der Karenzphase** verursachen folgende Lebensmittel meist keine Probleme:	2. Stufe: fruktose-, sorbit- und laktosemodifiziert **In der Testphase** probieren Sie aus, ob Ihnen folgende Lebensmittel bekommen:	3. Stufe: hoher Fruktose-, Sorbit- und/oder Laktosegehalt möglich Bei diesen Lebensmitteln sollten Sie immer **vorsichtig** sein:
Getränke	stilles Mineralwasser Kräutertee, Früchtetee zuckerfreie Light-Limonaden max. 4 Tassen/Tag: Kaffee, schwarzer und grüner Tee Pilsbier (nach dem deutschen Reinheitsgebot gebraut) klarer Schnaps	*Kohlensäure angereichertes Mineralwasser* *Fruchtsaftschorlen (im Verhältnis 1 : 5 bis 1 : 3)* *Malzbier* *trockener Wein* *Kräuterlikör* *Hefeweizen* *Gemüsesaft*	Fruchtsäfte, Fruchtnektar Limonaden, Colagetränke, Wellnessgetränke lieblicher Wein, Likörweine, Likör Fruchtcocktails (mit und ohne Alkohol) Instant-Getränke (Cappuccino etc.) Milchmixgetränke, Trinkkakao Sahnelikör
Gemüse und Gemüseerzeugnisse	unverarbeitete frische und Tiefkühlware: Bleichsellerie, Blumenkohl*, Brokkoli*, Gurke, Kohlrabi*, Kürbis, Mangold, Möhren, Oliven, gelbe und rote Paprika, Pastinaken, gegarte Pilze, Rote Bete, Sellerie, Spargel, Spinat, Steckrüben, Tomaten, Zucchini (* tiefgekühlt häufig bekömmlicher) kleine Portion Rohkostsalat	*üppige Mengen an Blattsalaten* *grüne Paprika, Knoblauch, Zwiebeln, roher Fenchel, Mais, Rosenkohl, Grünkohl, Chinakohl, Wirsing, Rosenkohl*, Chicorée, Rotkohl, Weißkohl, Kohlrabi, Porree, Sauerkraut* *große Portion Rohkostsalat*	Fertiggerichte und Halbfertiggerichte auf Laktosegehalt überprüfen: z. B. Rahmspinat rohe Pilze

Hülsenfrüchte	Erbsen (grün, aus der Dose)	Zuckerschoten	
	Sojaprodukte (aus Sojadrink, Tofu etc.)	*frische Erbsen, grüne Bohnen, Wachsbohnen, Linsen, weiße und rote Bohnen, dicke Bohnen, frische Sojabohnen, Limabohnen*	
Kartoffeln	Kartoffeln		Fertiggerichte und Halbfertiggerichte auf Laktosegehalt prüfen: z. B. Kartoffelpüreepulver, Kartoffelpufferteig
	selbst hergestellte Kartoffelgerichte (Pommes, Puffer)		
	Kartoffelchips		
Obst und Obsterzeugnisse	Avocado	Ananas, Aprikosen, Clementinen, Erdbeeren, Grapefruit, Heidelbeeren, Himbeeren, Holunderbeeren, Honigmelonen, Kirschen, Mirabellen, Limetten, Limonen, Mandarinen, Orangen, Kiwi, Papaya, Passionsfrucht, Pfirsich, Rote Johannisbeeren, Sauerkirschen, Stachelbeeren, Wassermelone	Apfel, Birne, Dattel, Feige, Mango, Pflaume, Weintrauben
	reife Banane		Trockenfrüchte, z. B. Rosinen
	Rhabarber (mit Traubenzucker oder Süßstoff)		Säfte und Konfitüren mit Zuckeraustauschstoffen
	Zitrone		Chutneys
		Gelee und Konfitüre aus geeigneten Obstsorten	
Nüsse und Ölsaaten	Nüsse, Kokos, Samen, Sonnenblumenkerne, Mohn, Kürbiskerne, Sesam		
Fleisch, Wurst, Fisch, Krusten- und Schalentiere	Fleisch, frisch oder tiefgekühlt	Fischkonserven mit Zucker	Fischkonserven mit Zuckeraustauschstoffen, Laktose oder Milchprodukten
	laktosefrei erhältlich, Zutatenliste lesen: Bratenaufschnitt, Schinken, Dauerwurst, Frischwurst, Putenbrust, Kassler, Roastbeef	Fleisch- und Wurstwaren mit Laktose (z. B. Brühwurst, Salami, Mortadella, gekochter Schinken)	
	Fisch, frisch oder tiefgekühlt		
	Krabben, Garnelen, Muscheln, Austern, Hummer		
Fette, Öle	milchfreie Margarine		Streichfette (Diätmargarine), in denen Laktose enthalten ist (z. B. kalorienreduzierter Margarineaufstrich)
	Pflanzenöle, Schmalz, Bratfett		
	reine Keim- bzw. Speiseöle, milchfreie Streichfette oder Diätfette		
	Butter in kleinen Mengen		

	1. Stufe: fruktosearm, sorbitarm, laktosearm, wenig blähend In der **Karenzphase** verursachen folgende Lebensmittel meist keine Probleme:	2. Stufe: fruktose-, sorbit- und laktosemodifiziert In der **Testphase** probieren Sie aus, ob Ihnen folgende Lebensmittel bekommen:	3. Stufe: hoher Fruktose-, Sorbit- und/oder Laktosegehalt möglich Bei diesen Lebensmitteln sollten Sie immer **vorsichtig** sein:
Getreide, Brot, Backwaren, Teigwaren	Brote ohne Milch-/Laktosezusätze: Weizenmehl, Dinkelmehl, Roggenmehl (in kleinen Mengen) Haferflocken (fein, blütenzart) Amaranth, Buchweizen, Bulgur, Couscous, Gerste, Hirse, Mais, Quinoa, Weizenkeime Brote aus fein gemahlenen Vollkornmehlen oder Auszugsmehlen, Knäcke Kastenweißbrot, Weißbrot, Brötchen, Mischbrot, Laugenbrezeln, Cornflakes ungesüßt oder mit Maltose/Malz Nudeln, Reis, ungezuckerter Puffreis, Reiswaffeln Kuchen und Kekse mit Traubenzucker gesüßt (Rezeptteil)	süße Brote und Brötchen mit Zucker, Honig, Sirup Knäcke mit Milch (z. B. Wasa Mjölk) *grobe Vollkornbrote*, z. B.: Pumpernickel *grobe voluminöse Schrotbrote* Milchbrötchen Schokobrötchen Croissants laktosefreier Kuchen, Kekse und Gebäck mit Haushaltszucker (z. B. Sandkuchen) milchfreier Obstkuchen mit verträglichen Obstsorten *grobe Müsliflocken* ohne Früchte Cornflakes mit Zucker/Honig, Crunchies, Puffreis mit Zucker/Honig	milchhaltiges Gebäck und Kuchen (Buttercreme, Sahnekuchen, Käsekuchen) Müsli mit Trockenfrüchten, zuckerfreie Müsliriegel Müsli mit Zuckeraustauschstoffen oder Honig abgepackter Kuchen mit Sorbit (als Feuchthaltemittel)
Eier	in jeglicher Form	alle mit Zucker gesüßten Eierspeisen wie süße Pfannkuchen, Crêpes	Rührei oder Omelette (mit Milch)
Zucker	Traubenzucker, Glukose Dextrine, Dextrose, Glukosesirup, Maltose, Malzzucker, Maltodextrin, Dinkelsirup, Reissirup Süßstoffe, z. B.: Saccharin, Cyclamat, Aspartam, Neotam, Stevia	Zucker: Haushaltszucker/Kristallzucker/Saccharose, Sucrose, Kandis, Vanillezucker, Hagelzucker, Puderzucker, Zuckerguss, Ahornsirup, brauner Zucker, Farinzucker, Rohrzucker, Ursüße, Glukose-Fruktose-Sirup, Invertzucker, Invertase, Rübenkraut Apfelkraut, Birnendicksaft, Birnenkraut, Xylit	Fruchtzucker, Fruktose, Fruktosesirup, Honig, Laktose, Milchzucker Zuckeraustauschstoffe: Sorbit, Mannit, Isomalt (Handelsname Palatinit), Maltit, Lactit

Milch/Milchprodukte, Käse	Hart-, Schnitt- und Sauermilchkäse Laktosegehalt unter 0,1 g/100 g: Alpkäse, Appenzeller, Berghofkäse, Bergkäse, Butterkäse, Chester, Edamer, Emmentaler, Esrom, Gouda, Havarti, Jerome, Limburger, Parmesan, Reibkäse, Romadur, Stauferkäse, Steppenkäse, Tilsiter, Trappistenkäse, Weinkäse laktosearme und zuckerfreie Kuhmilch und Kuhmilchprodukte ungesüßte pflanzliche Drinks: Sojadrink, Reisdrink, Haferdrink	Weichkäsesorten (Mozzarella, Camembert, Brie) Feta (Schafskäse) laktosearme Kuhmilchprodukte mit Zucker, z. B. laktosearmer Fruchtjoghurt, zuckergesüßter Sojapudding	Sauermilchprodukte: saure Sahne, Naturjoghurt, Fruchtjoghurt, Dickmilch, Quark, Kefir, Buttermilch jegliche Milch und Milchprodukte unabhängig von der Tierart (also auch Schaf und Ziege etc.): Frischmilch, H-Milch, Trockenmilch, Mixgetränke, Kakao, Pudding, Süßspeisen, Kondensmilch, Kaffeeweißer, Sahne, Molke, Kaffeesahne, Sauerrahm, Frischkäse, Crème fraîche, Molke, Schmand, Eis, Kakaogetränkepulver mit Zucker, Molkenpulver, Eiweißkonzentrate, Kochkäse, Hüttenkäse, kalorienreduzierte Schmelzkäse- und Käsezubereitungen, da sie häufig Magermilchpulver etc. enthalten können
Süßes/ Knabberartikel	Traubenzuckerbonbons, Salzstangen, Flips, Chips	Fruchtgummi, Fruchtbonbons, Lakritze, Geleekonfekt milchfreie Schokolade: Bitter-, Blockschokolade, Marzipan	Milchschokolade, Pralinen, Nougat, Marzipan mit Sorbit Milch- und Sahneeis zuckerfreie, kalorienreduzierte und/oder zahnfreundliche Müsliriegel, Kaubonbons und Süßigkeiten
Verschiedenes, Gewürze	Salz, Pfeffer, Essig, Backpulver, Kräuter, Gewürze (keine Gewürzmischungen), Vanillemark Götterspeisepulver, Gelatine, Puddingpulver, Milchsäure Senf, Mayonnaise laktosefreie Brühe, Hefe	süßer Senf Instant-Puddingpulver Süßstofftabletten Würzsaucen Ketchup Instant-Kakaopulver mit Zucker	Gewürzmischungen für Salate oder warme Gerichte industrielle gefertigte Saucen, Suppen und Tütengerichte Saucenbinder (mit Laktose) kalorienreduzierte, michhaltige Mayonnaisen/Salatdressings

Bei anhaltenden Beschwerden sollte an folgende Erkrankungen gedacht werden

mögliche Ursache	ärztliche Funktionsdiagnostik
bakterielle Fehlbesiedlung	Atemtest (mit Glukose)
Colitis ulcerosa	Darmspiegelung
exokrine Pankreasinsuffizienz	Stuhluntersuchung
Gallensteine	Ultraschall
Morbus Crohn	1) Stuhluntersuchungen, Calproctin
	2) Darmspiegelung, Sellingk (Dünndarmspiegelung)
Nahrungsmittelallergien	Anamnese, Hauttest, Blutuntersuchung
Histaminintoleranz	Ernährungs- und Symptomprotokoll
Reizdarm	Ernährungs- und Symptomprotokoll und Ausschluss der anderen Erkrankungen
Zöliakie/Sprue	glutenhaltige Ernährung, Blutuntersuchung, Biopsie

Anhand der Tabelle erfahren Sie ganz genau, welche Lebensmittel Sie in den einzelnen Stufen vertragen. Übrigens: Kursiv gedruckte Lebensmittel lassen Sie in der 1. Phase unter »Bauchgesichtspunkten« besser ganz weg, da sie unabhängig von ihrem Laktose-, Fruktose- oder Sorbitgehalt Beschwerden verursachen können. Was Sie in der vorherigen Stufe vertragen haben, dürfen Sie natürlich auch in der nächsten Stufe essen!

Hilfreiche Tipps für empfindliche Bäuche

Neben der Meidung der nicht verträglichen Zuckerstoffe sind nicht nur zu Beginn der Ernährungsumstellung einige Empfehlungen hilfreich, um Ihren Bauch zur Ruhe zu bringen.

Zeit nehmen fürs Essen. Essen Sie langsam und kauen Sie gründlich. Eine gute Verdauung beginnt im Mund, wo den Speisen erstmals Enzyme zugesetzt werden. Die gründliche mechanische Zerkleinerung ist besonders wichtig, da andernfalls der übrige Verdauungstrakt den Speisebrei biochemisch zerkleinern muss! Zudem wird der Speisebrei durch den Speichel vorverdaut. Besonders ein empfindlicher Bauch sollte durch gründliches Kauen entlastet werden!

Ausreichend trinken. Erwachsene trinken 1,5 bis 2 Liter, Kinder (4 bis 12 Jahre) 0,8 bis 1 Liter. Eine ausreichende Flüssigkeitszufuhr ist Grundvoraussetzung für eine geregelte Verdauung. Achten Sie auch darauf, über den Tag verteilt zu trinken. Nicht selten bleiben Bäuche unruhig, weil die Flüssigkeitszufuhr nicht stimmt.

Ballaststoffmenge beachten. Ballaststoffe gelangen bei jedem Menschen in den Dickdarm, wo sie verschiedene Aufgaben erfüllen. Unter anderem sorgen sie für eine gute Stuhlbeschaffenheit. Doch solange Sie noch unter sehr weichen Stuhlgängen leiden, empfehlen wir Ihnen eher den Griff zu Misch- bzw. Weißbroten. Macht Ihnen eine Verstopfung zu schaffen, bietet sich feingemahlenes Vollkornbrot an. Grobe, voluminöse Vollkornprodukte wie Schrotbrote, Müsli oder Frischkornbrei sind für viele Menschen generell schwerer verdaulich und häufig dafür verantwortlich, dass der Bauch nicht ruhig wird.

Regelmäßig laktosereduzierte Sauermilchprodukte. Laktosereduzierter Naturjoghurt, Quark oder laktosereduzierte Buttermilch leisten unschätzbare Hilfe für eine gesunde Darmflora. Milch und Käse können die frischen laktosereduzierten Sauermilchprodukte nicht ersetzen! Achten Sie daher auf mindestens zwei Portionen täglich.

Kohl, Hülsenfrüchte und Zwiebeln meiden. Linsensuppe, Zwiebelkuchen oder Krautsalat bescheren vielen Menschen einen unruhigen Bauch. Verzichten Sie vor allem zu Beginn der Ernährungsumstellung auf blähende Lebensmittel, damit Ihr Bauch nach all den Turbulenzen der letzten Monate oder Jahre zur Ruhe kommt. Langfristig können Sie blähende Lebensmittel sparsam wieder in Ihren Speiseplan aufnehmen.

Kleine Mahlzeiten. Fünf bis sechs kleine Mahlzeiten, über den Tag verteilt, entlasten den Verdauungstrakt und werden Ihnen auch langfristig helfen, Ruhe in den Bauch zu bekommen. Außerdem fällt es vielen Menschen leichter, langsam zu essen und gründlich zu kauen, wenn die letzte Mahlzeit erst wenige Stunden zurückliegt. Viele Menschen profitieren spürbar davon, wenn Zwischenmahlzeiten eingelegt werden und diese in entspannter Atmosphäre genussvoll gegessen werden.

Bedenken Sie auch, dass ein Sättigungsgefühl etwa nach 20 Minuten auftritt. Bei hastigem Essen kann es daher auch schnell mal zu üppig werden, was den Verdauungstrakt unnötig belastet und zu Beschwerden führen kann.

Nehmen Sie sich bitte Zeit zum Essen und genießen Sie mehrmals am Tag eine nicht zu große Portion.

Wenn der Bauch trotz allem nicht besser wird

Kommt es nach vierwöchiger strenger Vermeidung aller »Verursacher« und der Berücksichtigung der hilfreichen Tipps für empfindliche Bäuche (S. 32) nicht zu einem nahezu vollständigen Nachlassen der Symptomatik, lassen Sie besser weitere Erkrankungen durch Ihren Arzt ausschließen. Vor allem aber ist es sinnvoll, Ihr Ernährungsprotokoll von einer allergologisch versierten Ernährungstherapeutin kontrollieren zu lassen. Denn meist findet sich in der Art der Grundernährung eine gute Möglichkeit den dauerhaften Beschwerden zu Leibe zu rücken! So findet die Expertin doch noch versteckte Fehler oder sie kann Ihnen hilfreiche Verbesserungsvorschläge anbieten. Kolleginnen, die sich auf diesen Beratungsbereich spezialisiert haben, finden Sie unter www.ak-dida.de und www.daab.de

Wer nicht fragt ...
Antworten auf häufige Fragen

Sind laktosespaltende Enzyme empfehlenswert?

» Sogenannte Laktasepräparate können bei Restaurantbesuchen, Einladungen oder im Urlaub für einen beschwerdeärmeren Genuss sorgen. Testen Sie die Dosierung jedoch immer schon vorab, da sie stark von der Restaktivität der körpereigenen Laktase abhängig ist. Es sind mittlerweile eine Vielzahl laktosespaltender Enzyme erhältlich. Diese unterscheiden sich aber deutlich hinsichtlich ihrer Effektivität. Lassen Sie sich in der Apotheke beraten bzw. vergleichen Sie die Packungsangaben. Eine Ernährungsumstellung auf laktosearme und laktosereduzierte Lebensmittel sollte vor einer dauerhaften Anwendung dieser Enzyme stehen!

Meine Medikamente enthalten Laktose oder Sorbit. Muss ich andere Präparate nehmen?

» Zahlreiche Medikamente können aus technologischen Gründen Milchzucker als Trägermaterial oder als Füllstoff enthalten. Die verwendeten Mengen sind jedoch sehr gering. Nach Angaben der Hersteller beträgt der Laktosegehalt von Medikamenten zwischen 0,03 und 0,19 g pro Tablette. Da die Laktoseunverträglichkeit eine mengenabhängige Reaktion ist, besteht hier kein Grund zur Beunruhigung. Bei Hustensäften und Halsschmerztabletten, die Zuckeraustauschstoffe enthalten, sollten Sie vorsichtig sein. Hier entscheidet allein die aufgenommene Menge, ob es zu Beschwerden kommt.

Was ist mit Milchsäure und Laktat?

» Diese Begriffe sorgen immer wieder für Verwirrung: Sie können als Lebensmittelzusatzstoffe verwendet werden. Laktat bezeichnet das Salz der Milchsäure. Beide Stoffe werden bei der Herstellung von Sauerkonserven (Oliven, Sauerkraut, Cornichons) und zur Säuerung von Süßwaren verwendet. Diese Stoffe sind ohne verdauungsauffällige Wirkung. Leiden Sie an einer Laktoseintoleranz, können Sie trotzdem diese Milchsäure und auch das Laktat ohne Weiteres verzehren, da es sich um eine Säure bzw. deren Salz und nicht um einen Zucker handelt. Greifen Sie hier also entspannt zu!

Weitere Antworten finden Sie unter:
www.ak-dida.de
www.daab.de

Wie kann ich mit Traubenzucker backen?

» Traubenzucker kann in allen Rezepten 1,3 : 1 gegen Haushaltszucker ausgetauscht werden. Wenn Sie also normalerweise 250 g Zucker für einen Kuchen verwenden, nehmen Sie fortan 325 g Traubenzucker (250 × 1,3 = 325). Das Backen mit Traubenzucker ist anfangs etwas gewöhnungsbedürftig. Da Kuchen und Co. mit Traubenzucker im Ofen schneller bräunen, verringern Sie die Backtemperatur und backen entsprechend länger. Im Rezeptteil finden Sie zahlreiche leckere Kuchen und Keksrezepte, sodass Sie auch zukünftig nicht auf Gebäck verzichten müssen. Große Traubenzuckermengen bringen darüber hinaus einen leichten Eigengeschmack mit. Die Verwendung von Reissirup (S. 20) oder die Kombination aus Traubenzucker und Sirup sind eine gute Alternative.

Was ist der Unterschied zwischen Zuckeraustauschstoffen und Süßstoffen?

» Zuckeraustauschstoffe (Sorbit etc.) gehören nicht in die Gruppe der Süßstoffe! Das wird häufig durcheinandergebracht; Zuckeraustauschstoffe zeigen üblicherweise eine verdauungsproblematische Wirkung. Im Gegensatz zu den Zuckeraustauschstoffen entfalten Süßstoffe keinerlei verdauungsauffälligen Wirkungen und sind daher für Patienten mit einer Zuckerverwertungsstörung vollkommen unproblematisch. Süßstoffgesüßtes wie z. B. Light-Limonade ist für all diejenigen, die an einer Zuckerverwertungsstörung leiden, problemlos zu genießen. Sie erkennen süßstoffgesüße Limonaden auch an ihrem extrem niedrigen Kaloriengehalt (z. B. 0,25 kcal pro 100 ml).

Ist Sorbat das Gleiche wie Sorbit?

» Häufig wird Sorbat mit Sorbit gleichgesetzt. Das ist falsch! Sorbat ist ein häufig verwendetes Konservierungsmittel, das Salz aus der Sorbinsäure. Es wird meist als Kalium- oder Kaliumsorbat (E202/E203) verwendet und gilt als gut verträglich. Lebensmittel mit z. B. Kaliumsorbat sind auch für Sorbitintolerante vollkommen unbedenklich!

Darf der Rest der Familie auch laktosearme Produkte mitessen?

» Wenn alle Familienmitglieder auch die Laktosefrei-Produkte mitessen, ist das überhaupt kein Problem und erleichtert die Mahlzeitenvorbereitung im Alltag immer deutlich. Bereiten Sie einfach das Kartoffelpüree oder die Nachspeise für die ganze Familie laktosefrei zu.

Unser gemeinesames Picknick
Unterwegs essen

Für Berufstätige

Hier sind unsere Lieblingsrezepte als verträgliche Mittagsmahlzeit insbesondere für Berufstätige oder Menschen mit kleinem Zeitbudget. Gerade in der 1. Stufe unseres 3-Stufen-Plans (S. 28) wäre es wunderbar, wenn Sie viel Wert auf eine geeignete und ausgewogene Kost legen. So kommt der Bauch schneller zur Ruhe und Sie können wieder normal arbeiten und Ihre Freizeit genießen. Für die folgenden Rezepte bedarf es nur am Abend vorher ein klein wenig Vorarbeit. So haben Sie am nächsten Tag bei der Arbeit eine leckere Mahlzeit, von der Sie sicher sein können, Sie auch zu vertragen. Zukünftig kann es auch hilfreich sein, eine Suppe oder einen Snack auf Vorrat zuzubereiten und tiefgefroren aufzubewahren. Dann können Sie nach Bedarf aus dem Vollen schöpfen. Gerade anfangs trauen sich viele noch nicht in die Kantine – was auch erstmal richtig so ist. Probieren Sie es aus, denn diese Rezepte schmecken an heißen Sommertagen genauso gut wie an kalten Wintertagen:

Montag: Sommerliche Gurkensuppe (S. 74), anschließend Fernöstlicher Nussreis (S. 94)
Dienstag: Käsequiche vom Blech (S. 70)
Mittwoch: Kohlrabi und Kartoffeln mit Schnittlauchdip (S. 73)
Donnerstag: Spinatrisotto (S. 69)
Freitag: Hirse-Auflauf (S. 70)

Zum Naschen für zwischendurch: Nuss-Mandel-Krokant (S. 108) oder Vanille-Butter-Plätzchen (S. 124)

Außer Haus essen

Der ewigen Diskussion, ob nun mittags oder abends »warm«, wollen wir keine Studiendaten entgegensetzen. Schauen Sie einfach, wie es für Ihren Arbeitsalltag und Ihren Bauch am verträglichsten ist. Wenn Sie zu Hause die Testphase beginnen und so langsam auch außer Haus essen möchten, kann es hilfreich sein, mit dem Kantinenchef Kontakt aufzunehmen. Vielleicht können Sie kurz einen Blick auf die verschiedenen Zutaten werfen, damit Sie zukünftig wissen, was Sie beschwerdefrei genießen können. Vor allem in Gewürzmischungen und -saucen kann sich Laktose verstecken, die mengenmäßig zu Beschwerden führt.

Mit Unterstützung einer Ernährungstherapeutin können Sie die Kostpläne Ihrer Kantine durchsprechen, sodass Sie lernen, wo sich Stolpersteine verbergen können. Vielen Betroffenen hilft eine sogenannte Positivliste der verträglichen Gerichte beim Essen außer Haus. Speisen, die Sie ausprobiert und gut vertragen haben, werden in diese Liste eingetragen. Sie werden sehen, dass nach einigen Wochen Ihre Positivliste so gewachsen ist, dass Sie in Ihrer Mittagspause lecker, abwechslungsreich und natürlich beschwerdefrei essen können. Die täglichen Überlegungen gehören irgendwann der Vergangenheit an. Nutzen Sie Ihre Liste einfach als Ideenvorrat.

Rezepte

schmackhaft und lecker

Einkaufsliste

Gemüse, Obst
- 3 unbehandelte Zitronen
- 1,1 kg festkochende Kartoffeln
- 2 mehligkochende Kartoffeln
- 1400 g Möhren
- 800 g TK Kohlrabi
- 750 g TK Blumenkohl
- 250 g tiefgekühlter Brokkoli
- 200 g Hokkaidokürbis
- 2 gelbe Paprikaschoten
- 1 Stangensellerie
- 1 Fenchelknolle
- 400 g Feldsalat
- ½ Avocado
- 4 Fleischtomaten
- 2½ Bund Schnittlauch
- 2 Bund Petersilie
- 2 Salbeiblätter
- 2 frische rote Chilischoten
- 1 kleines Stück Meerrettich

Getreide
- 650 g Dinkelvollkornmehl
- 700 g Mehl Type 1050
- 230 g Mehl Type 405
- 80 g Hirse
- 75 g Basmatireis
- 125 g Sushi-Reis

Milchprodukte, Eier
- 150 ml Milch (laktosearm)
- 80 g Sahne (laktosearm)
- 250 g Schmand (laktosearm)
- 200 g Quark (laktosearm)
- 500 g Joghurt (laktosearm)
- 200 g Frischkäse (laktosearm)
- 60 g Parmesan
- 200 g geriebener Emmentaler
- 1 Kugel Mozzarella (laktosearm)
- 500 g Butter (Margarine)
- 100 g Butterschmalz
- 8 Eier

Fleisch, Fisch
- 250 g Hähnchenbrustfilet
- 2 große Putenschnitzel
- 150 g Parmaschinken
- 150 g Räucherlachs
- 2 Forellen à 300 g

Gewürze
Paprikapulver, Cayennepfeffer, Muskatnuss, Oregano, Kardamomkapseln, Nelken, Currypulver, Lorbeerblatt, Kurkuma, Zimtstange, Koriander, Kümmel, Kreuzkümmel (Kumin)

Sonstiges
- 8 Scheiben Toastbrot
- 1 Paket TK-Blätterteig
- 30 g Tomatenmark
- 4 TL Tafelmeerrettich, scharf
- gekörnte Gemüsebrühe
- Balsamicoessig
- Pflanzenöl/Olivenöl
- Senf
- 100 g Traubenzucker
- 8 EL Reissirup
- 3 TL Speisestärke
- 3 EL Kochkakao
- 2 1/2 Würfel Hefe
- 1 TL Vanillebackaroma
- 1 EL Pistazien
- 5 EL Pinienkerne
- 100 g gehobelte Mandeln
- 50 g gemahlene Mandeln
- 1 EL Cashew-Kerne
- 2 EL Kürbiskerne
- 2 EL Soja cuisine

Exotisches
- 2 EL Reisessig
- 3–4 Noriblätter
- Wasabi, Sojasauce, eingelegter Ingwer

Die ersten 7 Tage meiner Karenzphase

Jetzt kommt endlich Ruhe in den Bauch! Zu Beginn reduzieren Sie alle Lebensmittel mit hohem Laktose-, Sorbit- oder Fruktosegehalt. Alle Lebensmittel, die Sie in der 1. Spalte unseres 3-Stufen-Plans (S. 28) finden, sind für die sog. Karenzphase geeignet. Auf dieser Seite haben wir Ihnen eine exemplarische Woche der Karenzphase zusammengestellt – so könnten die ersten 7 Tage aussehen. Die Einkaufsliste ist berechnet für zwei Esser.

Tag 1

Frühstück: Pfannkuchen mit Reissirup (S. 50)

Mittagessen: Kohlrabi und Kartoffeln mit Schnittlauchdip (S. 73)

Abendessen: Feldsalat mit Puten-Parmaschinken-Röllchen (S. 56)

Tag 2

Frühstück: Pfannkuchen mit Reissirup (S. 50)

Mittagessen: Hähnchen in Brokkoli-Mandel-Sauce (S. 80)

Abendessen: Dip mit Gemüsesticks (S. 59)

Tag 3

Frühstück: Schnelles Dinkelbrot (S. 126) mit Kartoffel-Möhren-Streich (S. 49)

Mittagessen: Lachs-Blätterteig-Körbchen (S. 76)

Abendessen: Blumenkohlsuppe (S. 55)

Tag 4

Frühstück: Kartoffelbrot (S. 128) mit Schoko-Vanille-Aufstrich (S. 45)

Mittagessen: Möhren in Petersilienbutter (S. 94) und Kartoffel-Mandel-Plätzchen (S. 93)

Abendessen: Maki mit Avocado und Lachs (S. 87)

Tag 5

Frühstück: Schnelles Dinkelbrot (S. 126) mit Kartoffel-Möhren-Streich (S. 49)

Mittagessen: Hirseauflauf (S. 70)

Abendessen: Fenchel-Mozzarella-Toast (S. 65)

Tag 6

Frühstück: Kartoffelbrot (S. 128) mit Schoko-Vanille-Aufstrich (S. 45)

Mittagessen: Fernöstlicher Nussreis (S. 94)

Abendessen: Kürbis-Möhren-Suppe (S. 55)

Tag 7

Frühstück: Kartoffelbrot (S. 128) mit Hasenbutter (S. 45)

Mittagessen: Gratinierte Tomaten (S. 58)

Abendessen: Forelle Müllerin-Art (S. 78)

Frühstücks-ideen

Verfeinert mit Sahne
Beerenfrühstück

1. Stufe Karenz: bedingt geeignet/
2. Stufe Testphase: geeignet
Für 4 Personen • gelingt leicht
⊘ 10 Min.

80 g blütenzarte Haferflocken • 100 g Sahne (laktosearm) • 2 EL Zitronensaft • 60 g gehackte Mandeln • 200 Joghurt (3,8 %, laktosearm) • 1 Msp. Zimt • 4 TL Reissirup oder ggf. flüssiger Süßstoff zum Nachsüßen • 400 g Erdbeeren • 250 g Blaubeeren

● Haferflocken mit Sahne, Zitronensaft, den Mandeln, Joghurt und Zimt verrühren. Mit Reissirup oder Süßstoff etwas nachsüßen. Die Masse in vier Portionsschälchen geben.

● Erdbeeren und Blaubeeren waschen. Erdbeeren vierteln, das Obst mischen und dekorativ auf dem Beerenfrühstück verteilen.

Bei Histaminunverträglichkeit Ersetzen Sie die Erdbeeren durch Honigmelone oder Kaki, damit es verträglich für Sie wird.

Tipp Die geringen Fruktosemengen in der Zitrone eignen sich gut für die Testphase, da der Gesamtgehalt niedrig ist und durch die Eiweiß- und Fettkombination in diesem Gericht keine Probleme zu erwarten sind.

Auch prima einfach so zum Knabbern
Crunchy-Müsli

1. Stufe Karenz: bedingt geeignet/
2. Stufe Testphase: geeignet
Für 4 Personen • gut vorzubereiten
⊘ 40 Min.

250 g Haferflocken • 60 g Sonnenblumenkerne • 30 g Kokosflocken • 4 EL Sonnenblumenöl • 100 g Traubenzucker

● Haferflocken, Sonnenblumenkerne und Kokosflocken mischen. Den Backofen auf 150 Grad (Umluft 135 Grad) vorheizen. Das Öl und den Traubenzucker in eine Pfanne geben und unter Rühren auf höchster Einstellung erhitzen, bis der Zucker sich mit dem Öl zu einer durchsichtigen Flüssigkeit verbunden hat.

● Den Flocken-Körner-Mix dazugeben und so lange rühren, bis die Öl-Zucker-Mischung von den Flocken aufgesogen ist. Die heiße Masse auf einem mit Backpapier ausgelegten Backblech verteilen.

● Die Müslimischung im Backofen auf der mittleren Schiene 20 – 25 Min. goldbraun backen, dabei mehrmals wenden. Damit die Masse nicht nachbräunt, zügig vom Blech nehmen und auskühlen lassen. In einem verschließbaren Gefäß bleibt das Crunchy-Müsli lange knackig.

Bei Histaminunverträglichkeit Gut geeignet.

Tipp Mit dieser Grundmischung können Sie Ihr eigenes knackiges Frühstücksmüsli zaubern, denn viele Fertigmüslis enthalten Fructosesirup oder Trockenfrüchte. Es lässt sich je nach Geschmack auch mit Nüssen, Sesam, Zimt oder anderen Getreideflocken zubereiten.

Eine schöne Kombination mit Pfirsich

Fruchtiger Haferbrei mit Mohn

1. Stufe Karenz: bedingt geeignet/
2. Stufe Testphase: geeignet
Für 2 Personen • gelingt leicht
15 Min.

60 g blütenzarte Haferflocken • 2 EL Mohnsamen • 160 g Sahne (laktosearm) • 2 TL Reissirup • 2 Pfirsiche

● Die Haferflocken und den Mohn mit 100 g Sahne und 100 ml Wasser in einem kleinen Topf verrühren und aufkochen. Etwas abkühlen lassen, dann den Reissirup unterrühren.

● Die Pfirsiche waschen, vierteln, entsteinen und in einem Rührbecher mit dem Mixstab fein pürieren. Die restliche Sahne steif schlagen, unter den abgekühlten Haferbrei heben und diesen in zwei Glasschälchen füllen. Das Pfirsichmus darüber verteilen.

Bei Histaminunverträglichkeit Gut geeignet!

Besonders gut zu Vollkornbrot
Hasenbutter

1. **Stufe** Karenz: geeignet/
2. **Stufe** Testphase: geeignet
Für 300 g • preisgünstig
⊙ 15 Min.

150 g Möhren • 125 g weiche Butter (oder milchfreie Margarine) • 1 TL Zitronensaft • 1 TL Reissirup • Salz • Pfeffer, frisch gemahlen

● Die Möhren waschen, putzen und auf einer Küchenreibe sehr fein raspeln. Die weiche Butter mit den Möhren in einer kleinen Schüssel gründlich vermengen.

● Die Butter mit Zitronensaft, Reissirup, Salz und Pfeffer abschmecken.

Bei Histaminunverträglichkeit
Genussvoll schlemmen.

Schön mild und der Hit bei Kindern
Schoko-Vanille-Aufstrich

1. **Stufe** Karenz: geeignet/
2. **Stufe** Testphase: geeignet
Für 300 g • gut vorzubereiten
⊙ 10 Min.

250 g Butter (oder milchfreie Margarine) • 4 EL Traubenzucker • 3 EL Reissirup • 3 EL Kakaopulver (Kochkakao) • 1 TL Vanillebackaroma

● Die Butter mit dem Traubenzucker, dem Reissirup, dem Kakao und dem Vanillebackaroma mit einer Gabel zu einer geschmeidigen Creme verarbeiten.

● In ein Schraubglas gefüllt, ist die Creme bei Zimmertemperatur etwa 14 Tage haltbar.

Bei Histaminunverträglichkeit
Kakao bereitet Beschwerden.

Tipp Dies ist der Frühstücksrenner nicht nur bei vielen unserer kleinen Patienten!

Dick auf Hefezopf gestrichen ein Traum
Vanille-Himbeer-Creme

1. **Stufe** Karenz: bedingt geeignet/
2. **Stufe** Testphase: geeignet
Für 600 g • gelingt leicht
⊙ 15 Min.

350 g Himbeeren (frisch oder tiefgekühlt) • 1 Päckchen Vanillepuddingpulver • 200 g Traubenzucker

● Frische Himbeeren waschen, tiefgekühlte Himbeeren auftauen lassen. Anschließend die Früchte in ein hohes Rührgefäß geben und mit dem Mixstab pürieren. Das Himbeermus mit dem Traubenzucker in einem Topf zum Kochen bringen.

● Das Puddingpulver mit 50 ml Wasser verquirlen und unter Rühren zu den kochenden Himbeeren geben. ½ Min. kochen lassen. Noch heiß in Schraubgläser füllen.

Bei Histaminunverträglichkeit
Problemlos verträglich.

Frühstücksideen : Aufstriche

Auch ganz fein in Joghurt oder Quark

Aprikosenstreich

1. **Stufe Karenz: bedingt geeignet/**
2. **Stufe Testphase: geeignet**
Für 700 g • gut vorzubereiten
⏱ 50 Min. + 8 Stunden Einweichzeit

200 g getrocknete Aprikosen •
1 Msp. Zimt • 250 g Traubenzucker

● Die Aprikosen gründlich abspülen und mit dem Zimt über Nacht in 500 ml Wasser einweichen. Die Früchte samt Einweichwasser in ein hohes Gefäß geben und mit einem Mixstab nur grob zerkleinern, sodass die Fruchtmasse noch etwas stückig bleibt.

● Aprikosen mit dem Traubenzucker in einen Topf geben und zum Kochen bringen. Ohne Deckel bei geringer Hitze 40 Min. einkochen lassen, bis ein dickflüssiges Fruchtmus entsteht. Dabei hin und wieder umrühren. Noch heiß in Schraubgläser füllen und fest verschließen.

Bei Histaminunverträglichkeit
Immer geeignet.

Besonders gut mit reifen Erdbeeren

Erdbeermarmelade mit Vanille

1. **Stufe Karenz: bedingt geeignet/**
2. **Stufe Testphase: geeignet**
Für 4 Gläser • gut vorzubereiten
⏱ 25 Min. + Zeit zum Auftauen

1 kg Erdbeeren (frisch oder tiefgefroren) • 600 g Traubenzucker • 1 Päckchen Gelierfix 2 : 1 • 1 TL flüssiger Süßstoff • 3 TL Vanillebackaroma

● Frische Erdbeeren waschen und putzen, tiefgekühlte Erdbeeren auftauen lassen. Anschließend die Früchte in ein hohes Rührgefäß geben, mit dem Mixstab gründlich zerkleinern und in einen Topf füllen.

● Traubenzucker und Gelierfix 2 : 1 mischen und mit dem Süßstoff und dem Vanillebackaroma zu den Erdbeeren geben, zum Kochen bringen und unter Rühren 3 Min. kochen lassen. Noch heiß in Schraubgläser füllen.

Bei Histaminunverträglichkeit
Erdbeeren sind ab und an für Beschwerden verantwortlich. Falls Ihnen sehr kleine Mengen Probleme bereiten, verwenden Sie Himbeeren oder Heidelbeeren. Da diese Beeren nicht so süß sind, sollten Sie die Süßstoffmenge auf 2 TL erhöhen.

Der Frühstücksklassiker schlechthin

Nuss-Nougat-Creme

1. **Stufe Karenz: geeignet/**
2. **Stufe Testphase: geeignet**
Für 200 g • gelingt leicht
⏱ 10 Min.

100 g Traubenzucker • 1 EL Kakaopulver (Kochkakao) • 3 EL Haselnussmus (Bioladen) • 3 EL Schmand (laktosearm)

● Den Traubenzucker mit dem Kakao mischen. Haselnussmus mit dem Schmand glatt rühren. Die Kakaomischung unterheben und alles zu einer geschmeidigen Creme verarbeiten.

● In ein Schraubglas füllen und im Kühlschrank aufbewahren.

Bei Histaminunverträglichkeit
Kakao bereitet fast immer Beschwerden. Auch Haselnüsse werden nicht gut vertragen, Mandelmus ist aber sehr gut verträglich.

Variante Probieren Sie diese Nuss-Nougat-Creme auch mal mit anderen Nussmusen, z. B. Mandelmus. Statt des Nussmuses können Sie auch 3 EL gemahlene Haselnüsse verwenden.

❯ Aprikosenstreich, Erdbeermarmelade mit Vanille, Nuss-Nougat-Creme

Aufstriche : Frühstücksideen 47

Herzhaftes : Frühstücksideen

Prima fürs Wochenendfrühstück
Herzhafte arme Ritter

1. **Stufe Karenz: geeignet/**
2. **Stufe Testphase: geeignet**
Für 4 Personen • preisgünstig
⊘ 30 Min.

4 Eier • 300 ml Milch (laktosearm) • 1 Bund Schnittlauch • 8 Scheiben Toastbrot • 1 EL Öl • 100 g geriebener Käse

● Die Eier mit der Milch in eine Rührschüssel geben und mit einem Schneebesen verrühren.

● Den Schnittlauch waschen, in Röllchen schneiden, unterrühren und die Eimasse in eine Auflaufform füllen. 4 Toastscheiben in der Eimasse 2 Min. einweichen lassen.

● ½ EL Öl in einer beschichteten Pfanne erhitzen. Die eingeweichten Toastscheiben in der Pfanne bei mittlerer Hitze von einer Seite anbraten, mit Käse bestreuen, wenden und auch die Käseseite goldgelb anbraten. Warm stellen und mit den verbliebenen 4 Toasts ebenso verfahren.

Bei Histaminunverträglichkeit
Gut geeignet.

◂◂ Käsespieße mit Zucchini-Bacon

Auch super fürs Büfett
Käsespieße mit Zucchini-Bacon

1. **Stufe Karenz: bedingt geeignet/**
2. **Stufe Testphase: geeignet**
Für 4 Personen • gut vorzubereiten
⊘ 30 Min.

200 g Schafskäse, mild • 2 kleine Zucchini • 200 g Bacon, in Scheiben • 4 EL Pinienkerne • 1 Bund Thymian

● Den Schafskäse in 1 cm große Würfel schneiden. Die Zucchini waschen und die Enden abschneiden. Der Länge nach in sehr dünne Scheiben schneiden. Eventuell einen Sparschäler verwenden.

● Die Pinienkerne auf jeweils eine Scheibe Bacon streuen, eine Zucchinischeibe und einen Schafskäsewürfel darauflegen, mit ein paar Thymianblättchen bestreuen und aufrollen.

● Jedes Röllchen mit einem Zahnstocher verschließen und in einer beschichteten Pfanne kross anbraten.

Bei Histaminunverträglichkeit
Nicht geeignet.

Abgeschmeckt mit frischem Meerrettich
Kartoffel-Möhren-Streich

1. **Stufe Karenz: geeignet/**
2. **Stufe Testphase: geeignet**
Für 500 g • braucht etwas mehr Zeit
⊘ 45 Min.

200 g Möhren • 250 g Kartoffeln • 1 kleine Schalotte (ab der Testphase) • 1 kleines Stück frischer Meerrettich • 1 EL Olivenöl • Salz • Pfeffer, frisch gemahlen • 1 Bund Schnittlauch

● Die Möhren und Kartoffeln waschen, schälen, klein schneiden, mit einer Tasse Wasser und Salz aufkochen, im geschlossenen Topf 10 Min. garen. Anschließend samt Kochwasser mit dem Mixstab pürieren.

● Die Schalotte abziehen und fein hacken. Den Meerrettich schälen und fein reiben. Meerrettich, Schalotten und Olivenöl hinzufügen. Mit Salz und Pfeffer abschmecken.

● Den Schnittlauch waschen, in Röllchen schneiden und unterrühren. Durchziehen lassen und in einem gut verschließbaren Gefäß aufbewahren (hält sich im Kühlschrank 3 – 4 Tage).

Bei Histaminunverträglichkeit
Genießen und schlemmen Sie nach Herzenslust.

Frühstücksideen : Pfannkuchen

Prima für die herzhafte Brotzeit
Angemachter Camembert

1. Stufe Karenz: bedingt geeignet/
2. Stufe Testphase: geeignet
Für 4 Personen • gelingt leicht
⏱ 15 Min. + Zeit zum Kühlen

2 reife Camemberts (à 125 g) • 150 g Schmand (laktosearm) • 1 Schalotte (ab der Testphase) • Salz • Pfeffer, frisch gemahlen • gemahlener Kümmel • Paprikapulver (edelsüß)

● Den zimmerwarmen Camembert in kleine Stücke schneiden und in eine Schüssel geben. Schmand unterziehen und mithilfe einer Gabel zu einer cremig-festen Käsemasse verarbeiten.

● Die Schalotte abziehen und in kleine, sehr feine Würfel schneiden. Schalotten unter die Käsemasse mischen, mit Salz, Pfeffer, gemahlenem Kümmel und Paprikapulver abschmecken. Kühl stellen.

● Mit zwei angefeuchteten Esslöffeln aus der Camembertmasse ovale Kugeln abstechen und mit etwas Kümmelpulver bestäuben.

Bei Histaminunverträglichkeit
Nicht geeignet.

Gut verträglich, fürs Wochenende
Pfannkuchen mit Reissirup

1. Stufe Karenz: geeignet/
2. Stufe Testphase: geeignet
Für 4 Personen • gelingt leicht
⏱ 20 Min.

150 g Mehl • 150 ml Milch (laktosearm) • 2 Eier • 1 Prise Salz • 2 EL Öl • 4 EL Reissirup

● Für den Teig das Mehl in eine Schüssel geben und mit einem Schneebesen langsam die Milch sowie 100 ml Wasser unterrühren, bis ein dickflüssiger, glatter Teig entsteht. Die Eier und das Salz zugeben und gründlich unterrühren.

● ½ EL Öl in einer beschichteten Pfanne erhitzen. Eine Kelle voll Pfannkuchenteig in die Pfanne geben und durch Schwenken verteilen.

● Den Pfannkuchen von beiden Seiten 2–3 Min. bei mittlerer Hitze backen und mit Reissirup bestreichen. Mit dem restlichen Teig genauso verfahren.

Bei Histaminunverträglichkeit
Gut geeignet.

Schön saftig, schmecken auch kalt
Blaubeerpfannkuchen

1. Stufe Karenz: bedingt geeignet/
2. Stufe Testphase: geeignet
Für 4 Personen • gelingt leicht
⏱ 20 Min.

150 g Mehl • 150 ml Milch (laktosearm) • 2 Eier • 1 Prise Salz • 2 EL Öl • 150 g Blaubeeren

● Für den Teig das Mehl in eine Schüssel geben und mit einem Schneebesen langsam die Milch sowie 100 ml Wasser unterrühren, bis ein dickflüssiger, glatter Teig entsteht. Die Eier und das Salz zugeben und gründlich unterrühren. Die Blaubeeren waschen und trocken tupfen.

● ½ EL Öl in einer beschichteten Pfanne erhitzen. Eine Kelle voll Pfannkuchenteig in die Pfanne geben und durch Schwenken verteilen. ¼ der Blaubeeren auf den Teig geben.

● Den Pfannkuchen von beiden Seiten 2–3 Min. bei mittlerer Hitze backen. Mit dem restlichen Teig und den Blaubeeren genauso verfahren.

Bei Histaminunverträglichkeit
Gut geeignet.

❯❯ Pfannkuchen mit Reissirup

Selbst gemachter Kakao – wie von Oma
Kakaogetränk

1. Stufe Karenz: geeignet/
2. Stufe Testphase: geeignet
Für 2 Personen • gelingt leicht
⏱ 5 Min.

1 TL Kakaopulver (Kochkakao) •
2 EL Traubenzucker • 400 ml Milch (laktosearm)

● Kakaopulver und Traubenzucker zuerst in einem Schüsselchen mischen und dann unter Rühren in die Milch einstreuen. Kräftig rühren, bis sich das Kakaopulver vollständig aufgelöst hat.

Bei Histaminunverträglichkeit
Nicht geeignet.

Tipp Dieses selbst gemachte Kakaopulver löst sich nicht so schnell wie die gekauften Varianten, da es ohne jegliche Zusatz- und Farbstoffe auskommt. Es lässt sich gut für den Vorrat in größeren Mengen herstellen und ist besonders gut in warmer Milch löslich.

Zum Aufwärmen
Heiße Mandelmilch mit Zimt

1. Stufe Karenz: geeignet/
2. Stufe Testphase: geeignet
Für 1 Person • geht schnell
⏱ 5 Min.

200 ml Sojadrink (ungezuckert) •
2 TL Mandelmus • 1 EL Reissirup •
1 Prise Zimt

● Sojadrink mit Mandelmus und Reissirup unter Rühren in einem Topf erhitzen. Mit Zimt abschmecken und in eine Tasse füllen.

Bei Histaminunverträglichkeit
Mandeln bereiten in der Regel keine Beschwerden. Also, lassen Sie es sich schmecken!

Variante Alternativ können Sie das Getränk auch in der Mikrowelle zubereiten. Nach dem Erhitzen jedoch nicht vergessen, gründlich umzurühren, damit sich Mus und Sirup vollständig auflösen.

Himbeerstrudel im Trinkglas
Himbeer-Trinkjoghurt

1. Stufe Karenz: bedingt geeignet/
2. Stufe Testphase: geeignet
Für 4 Personen • gelingt leicht
⏱ 15 Min.

150 g Himbeeren (frisch oder tiefgefroren) • 50 g Traubenzucker •
60 g Reissirup • ½ TL flüssiger Süßstoff • 600 g Joghurt (laktosearm) •
200 ml Milch (laktosearm)

● Frische Himbeeren waschen, tiefgekühlte Beeren antauen lassen. Anschließend in ein hohes Rührgefäß füllen. Traubenzucker, Reissirup und Süßstoff zugeben und mit dem Mixstab gründlich pürieren. Joghurt und Milch mischen und auf 4 Gläser verteilen.

● Die pürierten Beeren ebenfalls auf die Gläser verteilen und mithilfe eines Trinkhalms im Joghurt mischen, sodass Muster am Glasrand entstehen.

Bei Histaminunverträglichkeit
Hin und wieder führen Joghurt und Milch bei gleichzeitiger Histaminunverträglichkeit zu Beschwerden. Probieren Sie einfach mal aus, ob Ihnen Joghurt bekommt.

Ein sättigender Drink mit Himbeeren
Frühstücks-Smoothie

**1. Stufe Karenz: bedingt geeignet/
2. Stufe Testphase: geeignet**
Für 4 Personen • gelingt leicht
⏲ 10 Min.

200 g Himbeeren (frisch oder tiefgekühlt) •
2 Bananen • 50 g gemahlene Mandeln •
200 ml Vanille-Haferdrink • 200 g Quark
(laktosearm) • 1 Msp. Zimt • ggf. flüssiger
Süßstoff zum Nachsüßen

● Frische Himbeeren waschen, tiefgekühlte Beeren antauen lassen. Anschließend in ein hohes Rührgefäß füllen. Bananen schälen und dazugeben. Gemahlene Mandeln und den Haferdrink hinzufügen und mit dem Mixstab pürieren.

● Quark und Zimt unter die pastöse Masse ziehen. Ggf. noch etwas Haferdrink zugeben. Mit Süßstoff bei Bedarf nachsüßen.
In einem hohen Glas servieren.

Bei Histaminunverträglichkeit
Damit Sie auch hier ohne Reue genießen, streichen Sie am besten die Bananen aus dem Rezept, oder Sie probieren es mit gelben, nicht überreifen Bananen, die deutlich besser verträglich sind.

Kleine Gerichte

Ganz mild und wohltuend
Kürbis-Möhren-Suppe

1. Stufe Karenz: geeignet/
2. Stufe Testphase: geeignet
Für 2 Personen • gut vorzubereiten
⏱ 30 Min. + 10 Min. Garzeit

200 g Hokkaidokürbis • 200 g Möhren • 2 mehligkochende Kartoffeln • 300 ml Gemüsebrühe • 80 g Sahne (laktosearm) • Salz • Pfeffer, frisch gemahlen • ½ TL Currypulver • 2 EL Kürbiskerne

● Den Kürbis waschen und die Fasern und Kerne mit einem Esslöffel entfernen. Das feste Fruchtfleisch in daumendicke Stücke schneiden. Der Hokkaidokürbis muss nicht geschält werden; seine Schale gibt der Suppe sogar ihr feines Aroma.

● Die Möhren putzen, schälen und in grobe Würfel schneiden. Die Kartoffeln waschen, schälen, würfeln und mit dem Kürbis, den Möhren und der Gemüsebrühe in einem großen Topf in ca. 10 Min. gar kochen. Das Gemüse ist gar, wenn die Kürbisschale weich ist.

● Die Suppe mit dem Mixstab sämig pürieren. Die Sahne unterrühren und die Suppe mit Salz, Pfeffer und Curry abschmecken. Die Kürbiskerne fein hacken und auf die fertige Suppe streuen.

Bei Histaminunverträglichkeit Problemlos verträglich.

So lieben wir Blumenkohl
Blumenkohlsuppe

1. Stufe Karenz: geeignet/
2. Stufe Testphase: geeignet
Für 2–3 Personen • preisgünstig
⏱ 15 Min. + 15 Min. Garzeit

1 Blumenkohl (750 g) • Salz • 40 g Butter (oder milchfreie Margarine) • 50 g Mehl • weißer Pfeffer, frisch gemahlen • Muskatnuss, frisch gerieben • 2 EL Soja cuisine

● Den Blumenkohl waschen und in Röschen zerteilen. In einem Topf mit 750 ml Wasser und Salz aufkochen und zugedeckt bei kleiner Hitze 14 Min. kochen. In einem Topf die Butter erhitzen und dann das Mehl auf einmal hineingeben. Kräftig anschwitzen.

● Unter Rühren das Blumenkohlwasser dazugeben und so lange rühren, bis eine zähflüssige Suppe entstanden ist. Die Blumenkohlröschen vorsichtig unterheben, mit Salz, Pfeffer und Muskat abschmecken und zum Schluss die Sojasahne unterrühren.

Bei Histaminunverträglichkeit Bedenkenlos genießen.

Variante Verwenden Sie Tiefkühlblumenkohl (S. 25) ohne Zusätze, wenn frischer Blumenkohl Blähungen bei Ihnen verursacht. Durch das Blanchieren und Einfrieren ist der Kohl deutlich verträglicher. Die blähenden Substanzen befinden sich überwiegend in den Stielen. Wenn diese großzügig entfernt werden, sind Blumenkohl und Brokkoli viel besser verträglich.

Wunderbar für Gäste oder ein kaltes Büfett
Feldsalat mit Puten-Parmaschinken-Röllchen

1. Stufe Karenz: geeignet/
2. Stufe Testphase: geeignet
Für 2 Personen • braucht etwas mehr Zeit
⏱ 45 Min.

2 große Putenschnitzel • 2 Salbeiblätter • 150 g Parmaschinken • 400 g Feldsalat • 4 EL Öl • 2 EL Balsamicoessig • 1 TL Senf • 3 TL Traubenzucker • Salz • weißer Pfeffer, frisch gemahlen

● Die Putenschnitzel flach klopfen. Die Salbeiblätter fein hacken und auf das Fleisch streuen. Die schmalen Seiten leicht einschlagen und dann der Länge nach stramm aufrollen.

● Die Schinkenscheiben leicht diagonal fest um die Fleischrollen wickeln und die Putenröllchen 2 Min. (je nach Größe der Schnitzel) bei 800 Watt in der Mikrowelle garen (zwischendurch einmal umdrehen).

● Den Feldsalat waschen, putzen und trocken schwenken. Öl, Essig, Senf, Traubenzucker, Salz und Pfeffer verquirlen. Den Salat mit dem Dressing vermengen und auf großen Pasta-Tellern anrichten. Putenrollen in Scheiben geschnitten auf dem Salat servieren.

Bei Histaminunverträglichkeit Roher Schinken kann Beschwerden bereiten. Verzichten Sie daher auf ihn oder verwenden Sie gekochten Schinken. Der Balsamicoessig sollte durch Zitronensaft ersetzt werden, der etwas besser verträglich ist.

Variante Ersetzen Sie die Salbeiblätter durch einen kleinen Rosmarinzweig. Vor dem Aufrollen ein Stück Käse mittig hineinlegen, die schmalen Seiten leicht einschlagen und sehr fest einrollen. Evtl. mit einem Zahnstocher fixieren.

Schmeckt nach Süditalien
Zucchinisalat mit Pinienkernen

1. Stufe Karenz: geeignet/
2. Stufe Testphase: geeignet
Für 2 Personen • braucht etwas mehr Zeit
⏱ 20 Min. + 15 Min. Garzeit

150 g Brokkoli • Salz • Pfeffer, frisch gemahlen • 3 EL Balsamicoessig • 9 EL Olivenöl • ½ Kopf Lollo Rosso • 250 g Zucchini • 40 g Pinienkerne

● Brokkoli waschen, in Röschen teilen, die Stiele nicht mit verarbeiten. Brokkoli mit einer Tasse Wasser und etwas Salz ankochen und bei niedriger Hitze etwa 10 Min. fertig garen. Abgießen und beiseitestellen.

● Für die Salatsauce den Essig mit Salz und Pfeffer verrühren. Das Olivenöl tropfenweise unterrühren. Den Salat waschen, trocken schwenken und die Blätter in feine Streifen schneiden. Eine Salatplatte damit auslegen.

● Zucchini waschen, putzen und in grobe Stifte schneiden. Die Pinienkerne in einer Pfanne ohne Fett unter stetigem Rühren anrösten, anschließend grob hacken. Brokkoli, Zucchini und Pinienkerne ins Dressing geben, durchziehen lassen und abschmecken. Das Gemüse auf dem Salat anrichten.

Bei Histaminunverträglichkeit Ersetzen Sie den Balsamicoessig durch verträglicheren Zitronensaft.

Tipp Tiefgekühlte Gemüsesorten (S. 25) sind für Laktose- und Fruktosepatienten häufig besser verträglich, weil sie weniger blähen. Da sich die blähenden Substanzen im Brokkoli vor allem im Stiel befinden, profitieren Sie zusätzlich davon, wenn Sie diese nicht mitverwenden.

❯ Feldsalat mit Puten-Parmaschinken-Röllchen

Salate : Kleine Gerichte 57

Lecker mit geröstetem Baguette
Gratinierte Tomaten

**1. Stufe Karenz: geeignet/
2. Stufe Testphase: geeignet**
Für 1 Person • gelingt leicht
⏱ 15 Min. + 20 Min Backzeit

1 TL Butter (oder milchfreie Margarine) • 2 Fleischtomaten • 1 Knoblauchzehe (ab der Testphase) • 2 EL gehackte Pinienkerne • Salz • Pfeffer, frisch gemahlen • Oregano • 2 Scheiben Toastbrot • 50 g geriebener Emmentaler

● Eine flache Auflaufform einfetten. Die Tomaten waschen, den Stielansatz entfernen und in Scheiben schneiden. Die Knoblauchzehe abziehen und fein würfeln. Zusammen mit den gehackten Pinienkernen, Salz, Pfeffer und dem Oregano auf die Tomatenscheiben streuen.

● Das Toastbrot fein zerbröseln und mit dem Käse vermengen. Mit dieser Masse die Tomatenscheiben gleichmäßig bedecken. Bei 200 Grad (Umluft 180 Grad) auf der mittleren Schiene 20 Min. im Backofen überbacken.

Bei Histaminunverträglichkeit
Leider nicht geeignet, das Gericht schmeckt aber auch mit Zucchini, Kohlrabi oder Pilzen.

Gemüse : Kleine Gerichte

Lässt sich prima mit ins Büro nehmen
Dip mit Gemüsesticks

1. Stufe Karenz: geeignet/
2. Stufe Testphase: geeignet
Für 2 Personen • gelingt leicht
⏱ 15 Min.

150 g Schmand (laktosearm) • 200 g Quark (laktosearm) • Salz • Cayennepfeffer • 1 Prise Traubenzucker • 1 gelbe Paprikaschote • 1 Möhre • 1 Stangensellerie

● Schmand und Quark in eine Schüssel geben und verrühren. Die Creme mit Salz, Cayennepfeffer und Traubenzucker abschmecken.

● Das Gemüse waschen und putzen. Die Möhre schälen. Das Gemüse anschließend in große, mundgerechte Streifen schneiden und zusammen mit der Schmandcreme servieren.

Bei Histaminunverträglichkeit
Hin und wieder führt Quark bei Histaminunverträglichkeit zu Beschwerden. Probieren Sie einfach mal aus, ob Ihnen diese Menge Beschwerden bereitet.

Variante Der Dip schmeckt auch gut zu Pellkartoffeln oder auf Brot.

Ganz einfach, aber richtig lecker
Spargelauflauf

1. Stufe Karenz: geeignet/
2. Stufe Testphase: geeignet
Für 2 Personen • gut vorzubereiten
⏱ 15 Min. + 40–50 Min. Garzeit

200 g Kartoffeln • 1 kleine Zwiebel (ab der Testphase) • ½ Bund krause Petersilie • 300 g Spargel (aus dem Glas) • 100 g Schinkenwürfel • 2 Eier • 120 ml Milch (laktosearm) • Salz • Pfeffer, frisch gemahlen • Muskatnuss, frisch gerieben

● Die Kartoffeln schälen, in 2 mm dicke Scheiben schneiden und dachziegelartig in eine gefettete, feuerfeste Form legen. Zwiebel abziehen und fein hacken. Die Petersilie waschen und fein hacken. Zwiebeln und Petersilie über die Kartoffeln geben.

● Den Spargel klein schneiden. Spargel und Schinkenwürfel in der Auflaufform verteilen. Eier und Milch verrühren, mit Salz, Pfeffer und Muskat kräftig würzen und über den Auflauf gießen. Im Backofen bei 200 Grad auf der mittleren Schiene 40–50 Min. goldgelb backen.

Bei Histaminunverträglichkeit
Nicht geeignet.

Vorspeise
Brokkoli-Creme-Suppe

1. Stufe Karenz: geeignet/
2. Stufe Testphase: geeignet
Für 4 Personen • gelingt leicht
⏱ 30 Min.

4 kleine Kartoffeln • 400 g tiefgekühlter Brokkoli • 800 ml Gemüsebrühe • Salz • Pfeffer, frisch gemahlen • Muskatnuss, frisch gerieben • 1 Bund Kerbel • 2 EL Schmand (laktosearm)

● Die Kartoffeln schälen, klein schneiden und mit dem Brokkoli in der Gemüsebrühe zum Kochen bringen. Mit Salz, Pfeffer und Muskat kräftig würzen.

● Etwa 20 Min. köcheln lassen, dann mit dem Mixstab pürieren. Kerbel zupfen und kurz vor dem Servieren mit dem Schmand unterheben.

Bei Histaminunverträglichkeit
Genießen Sie ohne Reue!

Mit grünen, gelben und roten Farbtupfern
Bunter Couscous

1. **Stufe Karenz: bedingt geeignet/**
2. **Stufe Testphase: geeignet**
Für 3–4 Personen • gelingt leicht
🕐 15 Min. + 15 Min. Garzeit

100 g Couscous • Salz • Pfeffer, frisch gemahlen • 1 kleine Zwiebel (ab der Testphase) • 350 g kleine Zucchini • 100 g Mais (aus der Dose) • 300 g Tomaten • 2 EL Olivenöl • 1 Bund Schnittlauch

● Couscous und Salz in 250 ml Wasser in einem Topf aufkochen. Bei geschlossenem Deckel und ausgeschalteter Kochstelle 5–10 Min. ausquellen lassen. Die Zwiebel abziehen und fein hacken. Die Zucchini waschen, putzen und in Stifte schneiden.

● Den Mais abtropfen lassen. Die Tomaten waschen, putzen und in kleine Würfel schneiden. Das Öl in einem breiten Topf erhitzen. Die Zwiebel darin glasig dünsten, Zucchinistifte und Tomatenwürfel kurz mit erhitzen. Mit Salz und Pfeffer abschmecken. Den Couscous unter das Gemüse heben.

● Den Schnittlauch waschen, in Röllchen schneiden und kurz vor dem Servieren über den Couscous streuen.

Bei Histaminunverträglichkeit Geringe Mengen frische Tomaten sind häufig gut verträglich. Falls sie bei Ihnen Reaktionen auslösen, ersetzen Sie diese einfach durch rote Paprika.

Tipp Couscous ist wie Bulgur und Weizengrütze zerkleinerter Weizen, der sehr schnell gart und besser verdaulich ist als die ganzen Körner. Er ist für unruhige Bäuche in jeder Diätphase eine gute Begleitung.

◀ Bunter Couscous

Mit Salat eine vollwertige Mahlzeit
Palatschinken mit Pilzfüllung

1. **Stufe Karenz: geeignet/**
2. **Stufe Testphase: geeignet**
Für 2 Personen • braucht etwas mehr Zeit
🕐 45 Min. + 20 Min. Backzeit

160 g Mehl • Salz • Muskatnuss, frisch gerieben • 140 ml Milch (laktosearm) • 2 Eier • 50 g Butter (oder milchfreie Margarine) • 2 kleine Schalotten (ab der Testphase) • 200 g tiefgekühlte Champignons • 250 g Schmand (laktosearm) • Piment • Pfeffer, frisch gemahlen • 50 g geriebener Appenzeller

● 150 g Mehl, Salz, Muskat, Milch und Eier mit dem Handrührgerät verrühren und etwa 20 Min. quellen lassen. In einer Pfanne 20 g Butter zerlassen, eine Schöpfkelle Teig hineingeben, nach 2 Min. wenden. So fortfahren und nacheinander dünne Pfannkuchen backen und im Backofen bei 100 Grad warm stellen.

● Für die Füllung die Schalotten abziehen, fein würfeln und in 30 g Butter glasig dünsten. Champignons hinzufügen und ebenfalls mit andünsten. 1 EL Mehl darüberstäuben und verrühren.

● Schmand hinzufügen und unterrühren, etwas einkochen lassen. Die Füllung mit Piment, Pfeffer und Salz abschmecken, auf die Pfannkuchen verteilen, aufrollen und nebeneinander in eine gefettete Auflaufform legen.

● Mit dem Käse bestreuen und im Backofen auf mittlerer Schiene bei 200 Grad (Umluft 180 Grad) etwa 20 Min. überbacken.

Bei Histaminunverträglichkeit Ersetzen Sie den Appenzeller durch jungen Gouda.

Bruschetta, Pfannkuchen : Kleine Gerichte

Mit echtem Toskana-Flair
Überraschungs-Bruschetta

1. Stufe Karenz: geeignet/
2. Stufe Testphase: geeignet
Für 4 Personen • braucht etwas mehr Zeit
🕐 30 Min. + 15 Min. Backzeit

6 Scheiben altbackenes Grau- oder Weißbrot • 6 EL Olivenöl • 50 g gehackte Mandeln • 6 Fleischtomaten • 1 Topf Basilikum • Zitronensaft • 50 g Pinienkerne • 2 Kugeln Mozzarella (laktosearm) • grobes Salz • 4 Cocktailtomaten

● Den Backofen auf 200 Grad (Umluft) vorheizen. Die Brotscheiben in gleichmäßige Würfel schneiden. Brotwürfel mit etwas Olivenöl beträufeln und auf ein mit Backpapier ausgelegtes Backblech geben. Die Mandeln darüberstreuen und die Brotwürfel 12 – 15 Min. im Backofen goldbraun rösten.

● Die Fleischtomaten kreuzförmig einschneiden und den Blütenansatz entfernen. Tomaten mit dem Blütenansatz nach unten auf das Backblech setzen und im Ofen erhitzen, sodass sich die Haut löst. Die Tomaten kalt abschrecken, häuten und in Würfel schneiden.

● Basilikumblätter abzupfen und in ein hohes Rührgefäß geben. 2 EL Olivenöl, 2 EL Zitronensaft und die Pinienkerne dazugeben. Mit dem Mixstab pürieren.

● Mozzarella in Scheiben schneiden und auf vier Tellern ausbreiten. Die abgekühlte Bruschetta-Masse darüber verteilen und mit dem Pesto dekorieren. Einen Tropfen Olivenöl seitlich auf jeden Teller geben und etwas grobes Salz in die Mitte streuen. Die Cocktailtomaten halbieren und jeweils auf den Tellern anrichten.

Bei Histaminunverträglichkeit Nicht geeignet.

◂ Überraschungs-Bruschetta

Ein herzhaftes Mittag- oder Abendessen
Tomaten-Pesto-Pfannkuchen

1. Stufe Karenz: geeignet/
2. Stufe Testphase: geeignet
Für 2 Personen • braucht etwas mehr Zeit
🕐 45 Min.

100 g Mehl • Salz • 2 Eier • 400 g Tomaten • 1 kleine Zwiebel (ab der Testphase) • 1 Bund Petersilie • 4 EL Olivenöl • Pfeffer, frisch gemahlen • 3 EL Basilikumpesto • frisch geriebener Parmesan

● Mehl, Salz, Eier und 125 ml Wasser mit dem Handrührgerät verrühren. Den Teig 10 – 15 Min. quellen lassen. Die Tomaten waschen, den Stielansatz entfernen und in gleichmäßige Würfel schneiden. Die Zwiebel abziehen und klein schneiden. Die Petersilie waschen, trocken schwenken, fein hacken und in den Teig rühren.

● Das Öl in einer Pfanne erhitzen. Eine Schöpfkelle Teig hineingeben, gleichmäßig mit Zwiebelwürfeln bestreuen, salzen und pfeffern. Auf mittlerer Stufe und geschlossenem Pfannendeckel backen, bis die Oberfläche des Pfannkuchens gestockt ist und die Ränder goldbraun werden. Mit dem Pfannenwender vorsichtig wenden und auf der anderen Seite 1 – 2 Min. backen.

● Den Pfannkuchen heiß auf einen Teller geben, eine Hälfte des Pfannkuchens großzügig mit Pesto bestreichen, mit den Tomatenwürfeln belegen und zusammenklappen. Mit etwas Parmesan bestreuen und sofort servieren.

Bei Histaminunverträglichkeit Tauschen Sie den Parmesan gegen geraspelten jungen Butterkäse aus. Und die Tomaten gegen Paprika.

Toast : Kleine Gerichte

◂ Den Fenchel gründlich putzen.

◂ Die oberen harten Stiele knapp abschneiden. Das zarte Fenchelgrün beiseite legen.

◂ Die Fenchelknolle längs halbieren. Aus jeder Hälfte den harten und geschmacklosen Strunk keilförmig herausschneiden.

Schön als kleine Vorspeise
Fenchel-Mozzarella-Toast

1. Stufe Karenz: geeignet/
2. Stufe Testphase: geeignet
Für 4 Personen • gelingt leicht
⏲ 20 Min. + 10 Min. Backzeit

2 Fenchelknollen • 2 EL Olivenöl • 3 EL Pinienkerne • Salz • Pfeffer, frisch gemahlen • 1 Msp. Currypulver • 8 Scheiben Vollkorntoast • 250 g Mozzarella (laktosearm)

● Den Backofen auf 200 Grad (Umluft 180 Grad) vorheizen. Den Fenchel waschen, längs halbieren und den Strunk keilförmig herausschneiden. Das zarte Fenchelgrün fein hacken und die Knolle längs in Streifen schneiden.

● Das Öl in einer Pfanne erhitzen und die Fenchelstreifen darin bei schwacher bis mittlerer Hitze ca. 10 Min. zugedeckt schmoren lassen. Pinienkerne dazugeben und das Fenchelgemüse mit Salz, Pfeffer und Currypulver würzen.

● Die Toastbrotscheiben toasten. Den Mozzarella in Scheiben schneiden. Fenchelgemüse auf den Toasts verteilen und die Mozzarellascheiben darauflegen. Die Toasts im Ofen auf der mittleren Schiene ca. 10 Min. überbacken. Mit Fenchelgrün garniert servieren.

Bei Histaminunverträglichkeit Gut verträglich.

Variante Sie mögen lieber Zucchini? Kein Problem, verwenden Sie einfach Ihr Lieblingsgemüse für diesen Toast.

Auch prima zum Verschenken

Knusprig-pikante Macadamias

**1. Stufe Karenz: geeignet /
2. Stufe Testphase: geeignet**
Für etwa 200 g • gut vorzubereiten
⊘ 5 Min. + 14 Min. Backzeit

200 g Macadamia-Nüsse • 2 Msp. Chilipulver • 1 TL Currypulver • 2 TL Reissirup • Salz

● Die Nüsse in eine Schüssel füllen und gründlich mit Chilipulver, Currypulver und Reissirup vermengen. Auf einem mit Backpapier ausgelegten Backblech verteilen.

● Die Nüsse im nicht vorgeheizten Ofen bei 200 Grad (Umluft 180 Grad) auf der mittleren Schiene 14 Min. rösten. Dabei zwischendurch einmal wenden. Die heißen Nüsse mit Salz bestreuen und abkühlen lassen.

Bei Histaminunverträglichkeit
Gut verträglich.

Snacks für Gäste : Kleine Gerichte

Leckerer Snack für Gäste
Blitz-Pizza mit Parmaschinken

1. Stufe Karenz: geeignet/
2. Stufe Testphase: geeignet
Für 6 Stück • gelingt leicht
⏱ 15 Min. + 20 Min. Backzeit

1 Paket Tiefkühl-Blätterteig • 50 g Schmand (laktosearm) • 2 EL Pinienkerne • 12 Scheiben Parmaschinken • 100 g Rucola • 50 g Parmesan, gehobelt

● Den Backofen auf 200 Grad (Umluft 180 Grad) vorheizen. Den Blätterteig leicht anfeuchten, je 2 Blätter übereinanderlegen, gut andrücken und in 6 längliche Stücke schneiden. Diese auf ein mit Backpapier ausgelegtes Blech legen, dünn mit Schmand bestreichen und die Pinienkerne daraufstreuen.

● Die Pizzaböden 15 Min. auf der unteren Schiene backen, mit Parmaschinken belegen und weitere 5 Min. backen. Blitz-Pizza herausnehmen, Rucola darauf verteilen und mit dem Parmesan bestreuen.

Bei Histaminunverträglichkeit
Ersetzen Sie den Parmaschinken durch gekochten Schinken und den Parmesan durch jungen Gouda oder Butterkäse. Die enthaltene Laktosemenge wird Ihnen bei dieser geringen Menge keine Beschwerden bereiten.

Herrlich sommerlich und erfrischend
Erfrischende Melonenbowle

1. Stufe Karenz: bedingt geeignet/
2. Stufe Testphase: geeignet
Für 4 Personen • preisgünstig
⏱ 10 Min.

200 g Honigmelone • 200 ml Orangensaft • 3 EL Zitronensaft • 1 EL Traubenzucker • 300 ml Mineralwasser • Eiswürfel

● Die Melone schälen und in feine Würfel schneiden. Orangensaft, Zitronensaft und Traubenzucker vermischen. Die Melonenwürfel hinzugeben.

● Zum Schluss das Mineralwasser zugießen. Mit Eiswürfeln in Gläser füllen.

Bei Histaminunverträglichkeit
Orangensaft kann Beschwerden hervorrufen. Testen Sie, ob diese Menge Ihnen Probleme bereitet. Alternativ können Sie Light-Orangenlimonade (S. 25) (mit Süßstoff gesüßt) verwenden. Tauschen Sie dann den Orangensaft durch süßstoffgesüßte Orangenlimonade (z. B. Fanta zero) aus.

Ein echter Hingucker
Limo mit Himbeereiswürfeln

1. Stufe Karenz: bedingt geeignet/
2. Stufe Testphase: geeignet
Für 5 Personen • braucht etwas Zeit
⏱ 15 Min. + 2 – 3 Stunden Gefrierzeit

300 g Himbeeren (tiefgekühlt oder frisch) • 5 EL Traubenzucker • 1 Grapefruit • 200 ml Orangensaft • 800 ml Light-Zitronenlimonade (S. 25) (mit Süßstoff gesüßt)

● Die Himbeeren auftauen lassen und anschließend mit dem Mixstab pürieren. 5 EL Traubenzucker unterrühren und in einer Eiswürfelform im Tiefkühlfach einfrieren.

● Die Grapefruit halbieren und auspressen. Orangensaft mit dem Grapefruitsaft verrühren. Die Zitronenlimonade dazugießen und zum Schluss die Himbeereiswürfel zugeben.

Bei Histaminunverträglichkeit
Orangensaft kann Beschwerden hervorrufen und auch die Grapefruit kann unverträglich sein. Testen Sie, ob diese Menge Ihnen Probleme bereitet. Ggf. können Sie dann entsprechend mehr Limonade verwenden.

Hauptgerichte

Köstliches Herbstgericht
Waldpilzrisotto

1. Stufe Karenz: bedingt geeignet/
2. Stufe Testphase: geeignet
Für 4 Personen • gelingt leicht
⏲ 40 Min.

½ Gemüsezwiebel • 2 EL Öl • 500 g gemischte Waldpilze (Pfifferlinge, Steinpilze, Kräuterseitlinge) • Salz • Pfeffer, frisch gemahlen • 200 g Risottoreis • 1 TL Oregano • 600 ml Gemüsebrühe • 80 g gehobelter Parmesan

● Die Zwiebel abziehen und fein würfeln. 1 EL Öl in einer Pfanne erhitzen und die Zwiebeln darin glasig dünsten. Die Pilze waschen, putzen und in Scheiben schneiden.

● Pilze und Zwiebeln unter gelegentlichem Rühren bei mittlerer Hitze anbraten, bis die Feuchtigkeit aus den Pilzen vollständig entwichen ist. Mit Salz und Pfeffer würzen.

● 1 EL Öl in einem Topf erhitzen. Den Reis dazugeben und unter Rühren einige Minuten anbraten, bis der Reis leicht glasig wird. Die Pilze, Oregano und die Gemüsebrühe hinzugeben und zum Kochen bringen. Unter gelegentlichem Rühren den Reis zu einer breiigen Masse kochen.

● Zum Schluss den gehobelten Parmesankäse unterheben.

Bei Histaminunverträglichkeit Gut verträglich.

Einfach, lecker und schön grün
Spinatrisotto

1. Stufe Karenz: geeignet/
2. Stufe Testphase: geeignet
Für 3 Personen • preisgünstig
⏲ 15 Min. + 35 Min. Garzeit

300 g tiefgekühlter Blattspinat • 1 Zwiebel (ab der Testphase) • ½ Bund Petersilie • 1 EL Olivenöl • 140 g Parboiled Reis • 600 ml Gemüsebrühe • Muskatnuss, frisch gerieben • Paprikapulver (edelsüß) • Salz • Pfeffer, frisch gemahlen

● Den Spinat antauen lassen. Die Zwiebel abziehen und fein würfeln. Die Petersilie waschen, trocken schwenken und fein schneiden. Olivenöl in einem Topf erhitzen, die Zwiebeln zugeben und darin glasig dünsten. Anschließend den Reis dazugeben. Unter Rühren anbraten, bis der Reis glasig wird.

● Die Gemüsebrühe zugeben und zum Kochen bringen. Mit Muskat, Paprikapulver, Salz und Pfeffer kräftig würzen. Auf kleiner Flamme 35 Min. mit geschlossenem Deckel ausquellen lassen.

● Den Spinat in einen Topf geben, erhitzen und mit der Gabel auseinanderziehen. Mit Muskat, Pfeffer und Salz würzen und unter das fertige Risotto rühren. Kräftig abschmecken, die Petersilie unterrühren und servieren.

Das passt dazu Wer mag, kann Parmesan dünn über das Spinatrisotto hobeln.

Bei Histaminunverträglichkeit Nicht geeignet.

Hauptgerichte : Quiche, Auflauf

Schmeckt auch noch am nächsten Tag
Käsequiche vom Blech

1. Stufe Karenz: geeignet/
2. Stufe Testphase: geeignet
Für 4 Personen • gut vorzubereiten
◷ 1½ Stunden + 45 Min. Backzeit

200 g kalte Butter (oder milchfreie Margarine) • 400 g Mehl • 4 EL Joghurt (laktosearm) • 2 TL Salz • 2 Zwiebeln (ab der Testphase) • 2 Knoblauchzehen (ab der Testphase) • 4 Eier • 400 g Schmand (laktosearm) • 400 g Bergkäse • 100 g Parmesan • Cayennepfeffer • 15 Cocktailtomaten

● Butter in kleine Stücke schneiden und mit Mehl, Joghurt und Salz zu einem glatten Teig verkneten. Zu einer Kugel formen und 1 Stunde kühl stellen. Zwiebeln und Knoblauch abziehen und sehr fein schneiden.

● Die Eier trennen, und die Eigelbe mit dem Schmand verrühren. Bergkäse und Parmesan reiben. Zwiebeln, Knoblauch und Käse untermischen und mit Salz und Cayennepfeffer abschmecken. Die Eiweiße steif schlagen.

● Den Backofen auf 200 Grad (Umluft 180 Grad) vorheizen. Den Teig auf einem Backblech ausrollen (einfetten ist nicht nötig). Einen kleinen Rand formen. Den Eischnee unter die Käsemasse heben und auf dem Teig verstreichen.

● Die Tomaten halbieren und in den Belag drücken (Schnittseite oben). Die Quiche auf der zweiten Schiene von unten 45 Min. goldbraun backen.

Bei Histaminunverträglichkeit Jungen Gouda verwenden und Tomatenmenge um die Hälfte reduzieren.

Tipp Wenn Sie schon auf geringe Mengen Tomate reagieren, ersetzen Sie diese einfach durch Zucchini oder Paprika.

Mit knackigem Gemüse und goldgelber Käsehaube
Hirse-Auflauf

1. Stufe Karenz: geeignet/
2. Stufe Testphase: geeignet
Für 2 – 3 Personen • braucht etwas mehr Zeit
◷ 40 Min. + 40 – 45 Min. Backzeit

80 g Hirse • 200 ml Gemüsebrühe • 100 g Möhren • 100 g Kohlrabi • 1 gelbe Paprikaschote • 40 g Butterschmalz • Paprikapulver • Pfeffer, frisch gemahlen • Muskatnuss, frisch gerieben • Salz • 2 Eier • 500 g Joghurt (laktosearm) • 30 g Tomatenmark • 100 g geriebener Emmentaler • 1 EL Öl

● Hirse in ein Sieb geben und heiß abspülen. Die Gemüsebrühe in einen Topf füllen, zum Kochen bringen und die Hirse darin 20 – 25 Min. ausquellen lassen. Möhren und Kohlrabi schälen und in kleine Würfel schneiden. Paprika waschen, putzen und in kleine Würfel schneiden.

● In einer Pfanne das Butterschmalz erhitzen und das gesamte Gemüse darin kurz andünsten. Mit Paprikapulver, Pfeffer, Muskat und Salz abschmecken. Eine Auflaufform einfetten, das Gemüse flach hineinfüllen und die gegarte Hirse gleichmäßig darüber verteilen.

● Eier, Joghurt, Tomatenmark und geriebenen Käse vermengen. Mit Pfeffer und Salz würzen. Diese Masse gleichmäßig über dem Auflauf verteilen. Die Form in den kalten Backofen auf die mittlere Schiene setzen und den Hirse-Auflauf 40 – 45 Min. bei 200 Grad (Umluft 180 Grad) goldgelb backen.

Bei Histaminunverträglichkeit Tauschen Sie den Emmentaler gegen jungen Gouda. Tomatenmark ersatzlos streichen.

❯ Käsequiche vom Blech

Quiche, Auflauf : Hauptgerichte 71

72 Hauptgerichte : Kartoffelspezialitäten

Scharf-säuerlich und prima für Gäste

Thailändische Kokosmilchsuppe

1. Stufe Karenz: bedingt geeignet/
2. Stufe Testphase: geeignet
Für 4 Personen • gut vorzubereiten
⊙ 45 Min.

700 g Möhren • 300 g Kartoffeln • 2 Zwiebeln (ab der Testphase) • 2 Knoblauchzehen (ab der Testphase) • 3 EL Öl • Salz • Pfeffer, frisch gemahlen • 800 ml Gemüsebrühe • 1 Dose Kokosmilch (400 ml) • 4 Hähnchenbrustfilets • 160 g Zuckerschoten • 2 kleine, getrocknete Chilischoten • 2 TL Zitronensaft • 1½ Bund Koriandergrün

● Möhren und Kartoffeln schälen und in kleine Würfel schneiden. Zwiebeln und Knoblauch abziehen, sehr fein würfeln und alles in Öl anbraten und mit Salz und Pfeffer würzen. Mit Gemüsebrühe und Kokosmilch ablöschen und aufkochen.

● Die Hähnchenbrustfilets kalt abspülen und trocken tupfen. Das Fleisch in die Suppe legen und zugedeckt bei kleiner bis mittlerer Hitze 12 Min. garen. Die Zuckerschoten putzen und diagonal halbieren.

● Die Hähnchenbrust aus der Suppe nehmen und kurz ruhen lassen. Die Zuckerschoten in die Suppe geben und die zerbröselten Chilischoten hinzufügen. 2 – 3 Min. kochen lassen. Mit Salz, Pfeffer und Zitronensaft abschmecken. Das Fleisch in Scheiben schneiden und wieder in der Suppe erwärmen. Koriander waschen, fein hacken und über die Suppe streuen.

Bei Histaminunverträglichkeit Beschwerdefrei genießen.

Variante Sie können die Zuckerschoten durch Brokkoliröschen oder Romanesco ersetzen.

◂ Thailändische Kokosmilchsuppe

Lässt sich gut ins Büro mitnehmen

Kohlrabi und Kartoffeln mit Schnittlauchdip

1. Stufe Karenz: geeignet/
2. Stufe Testphase: geeignet
Für 2 Personen • gelingt leicht
⊙ 40 Min.

300 g Kartoffeln • 700 g Kohlrabi • Salz • ½ TL gekörnte Gemüsebrühe • 1 Bund Schnittlauch • 200 g Frischkäse (laktosearm) • 1 TL Butter (oder milchfreie Margarine) • Pfeffer, frisch gemahlen • Paprikapulver

● Kartoffeln und Kohlrabi schälen und in Würfel schneiden. Das Gemüse mit 1 Tasse Wasser, etwas Salz und Gemüsebrühe in einen Topf geben und aufkochen. Anschließend bei kleiner Hitze 20 Min. gar kochen.

● Den Schnittlauch waschen und in feine Röllchen schneiden. Schnittlauch mit dem Frischkäse und der Butter vermengen. Das Gemüse mit Pfeffer und Paprikapulver kräftig abschmecken und zusammen mit dem Dip servieren.

Tipp Im Frühsommer ist Kohlrabi am besten verträglich. Herbsternten können durchaus blähen.

Bei Histaminunverträglichkeit Gut verträglich.

Biologische Wertigkeit Was hier auf den ersten Blick beinahe ein wenig farblos aussieht, ist ernährungsphysiologisch eine wahre Nährstoffbombe: Die Kombination aus pflanzlichem Eiweiß (aus der Kartoffel) kombiniert mit tierischem Eiweiß (Frischkäse) erzielt eine hohe biologische Wertigkeit, d. h. Ihrem Körper werden viele wertvolle Aminosäuren angeboten, von denen er die meisten sehr gut verwerten kann.

Hauptgerichte : Suppe, Eintopf

Dank Minze schön erfrischend
Sommerliche Gurkensuppe

1. Stufe Karenz: geeignet/
2. Stufe Testphase: geeignet
Für 2 Personen • gut vorzubereiten
⏱ 30 Min.

4 Frühlingszwiebeln (ab der Testphase) • 3 große gekochte Kartoffeln (300 g) • 1 große Salatgurke (400 g) • 20 g Butterschmalz • 3 Tropfen Tabasco • 400 ml Gemüsebrühe • 4 Stängel frische Minze • 80 g Sahne (laktosearm) • 2 EL Zitronensaft • Salz • weißer Pfeffer, frisch gemahlen

• Die Frühlingszwiebeln waschen, putzen und in feine Ringe schneiden. Die Kartoffeln pellen und fein würfeln. Die Gurke schälen und der Länge nach halbieren. Mit einem Teelöffel die Kerne herauskratzen und die Gurke anschließend würfeln.

• Das Butterschmalz in einem Topf erhitzen und die Frühlingszwiebeln darin glasig dünsten. Kartoffel- und Gurkenwürfel sowie Tabasco dazugeben. Alles kurz andünsten und mit der Gemüsebrühe ablöschen. Die Minzeblätter zupfen und hinzufügen. Die Suppe mit dem Mixstab pürieren und mit Sahne, Zitronensaft, Salz und Pfeffer kräftig abschmecken.

Bei Histaminunverträglichkeit Dieses Rezept ist völlig unproblematisch.

Variante Diese Suppe ist auch kalt ein Genuss – lecker!

Sättigend und herzhaft
Baskischer Reiseintopf

1. Stufe Karenz: bedingt geeignet/
2. Stufe Testphase: geeignet
Für 3 Personen • preisgünstig
⏱ 30 Min. + 20 Min.

150 g Möhren • 150 g Lauch • 2 mittelgroße Zwiebeln (ab der Testphase) • 1 EL Sonnenblumenöl • 100 g Parboiled Reis • 1 EL Currypulver • 1 EL gekörnte Gemüsebrühe • 150 g Tomaten • 1 Dose Mais • Salz • Pfeffer, frisch gemahlen • 1 Bund Kerbel

• Möhren und Lauch putzen, waschen und in Scheiben bzw. Ringe schneiden. Die Zwiebeln abziehen und fein würfeln. In einer Pfanne das Sonnenblumenöl erhitzen und die Zwiebeln darin glasig werden lassen. Den Reis dazugeben und unter Rühren andünsten. Lauch und Currypulver zugeben und erhitzen.

• Möhren, 800 ml Wasser und die Gemüsebrühe hinzufügen, gut mischen und alles zusammen aufkochen. Den Reiseintopf 20 Min. garen lassen.

• Die Tomaten waschen, putzen und in kleine Würfel schneiden. Den Mais abtropfen lassen und zusammen mit den Tomatenwürfeln in den Eintopf geben und erwärmen. Mit Pfeffer und Salz abschmecken. Den Kerbel waschen, zupfen, grob zerkleinern und kurz vor dem Servieren auf die Suppe geben.

Bei Histaminunverträglichkeit Geringe Mengen frische Tomaten sind häufig gut verträglich. Falls sie bei Ihnen trotzdem Reaktionen auslösen, streichen Sie die Tomaten ersatzlos.

Nicht nur bei Kindern beliebt
Grüne Klößchen mit Tomatensauce

1. Stufe Karenz: geeignet/2. Stufe Testphase: geeignet
Für 3 – 4 Personen • braucht etwas mehr Zeit
⏱ 45 Min.

Für die Sauce:
- 1 große Zwiebel (ab der Testphase)
- 3 EL Olivenöl
- 500 g geschälte Tomaten (aus der Dose)
- 5 EL Tomatenmark
- 1 gestr. TL Traubenzucker
- 1 Msp. Oregano (getrocknet)
- 1 TL Zitronenpfeffer
- 125 g Sahne (laktosearm)
- 200 ml Milch (laktosearm)
- Salz
- Pfeffer, frisch gemahlen

Für die Klößchen:
- 2 kleine Schalotten (ab der Testphase)
- 4 EL Butterschmalz
- 3 gekochte Kartoffeln
- 500 g gemischtes Hackfleisch
- 1 Ei
- 3 EL Basilikumblätter
- 100 g Sahne (laktosearm)
- 80 ml Mineralwasser mit Kohlensäure
- Salz
- Pfeffer, frisch gemahlen

● Für die Sauce die Zwiebel abziehen und fein würfeln. Das Öl in einem Topf erhitzen und die Zwiebeln darin glasig dünsten. Die Tomaten samt Flüssigkeit dazugeben. Mit der Gabel etwas zerdrücken. Tomatenmark, Traubenzucker, Oregano und Zitronenpfeffer hinzufügen und verrühren.

● Die Sauce bei kleiner Hitze 30 Min. köcheln lassen, dabei gelegentlich umrühren. Anschließend mit dem Mixstab pürieren. Sahne und Milch unterrühren, dann noch mal kräftig mit Salz und Pfeffer abschmecken.

● Für die Klößchen die Schalotten abziehen und fein hacken. 1 EL Butterschmalz in einer Pfanne erhitzen und die Zwiebeln darin kurz anbraten. Die gekochten Kartoffeln in eine Rührschüssel geben und mit der Gabel zerdrücken. Hackfleisch, das Ei und die angebratenen Zwiebeln hinzufügen und alles gut vermengen.

● Basilikum waschen, fein hacken und dazugeben. Sahne und Mineralwasser nach und nach unterrühren. Den Fleischteig anschließend kräftig kneten und mit Pfeffer und Salz würzen. Mit feuchten Händen Klößchen (Ø 3 – 4 cm) formen und im restlichen Butterschmalz von allen Seiten braun anbraten, anschließend gut durchgaren. Die Klößchen in eine vorgewärmte Schüssel geben und mit der heißen Tomatensauce übergießen.

Das passt dazu Die grünen Klößchen in der roten Sauce passen gut zu Makkaroni oder Baguette.

Bei Histaminunverträglichkeit Leider führen Tomatenmark und Tomatenprodukte in konzentrierter Form fast immer zu Beschwerden.

Prima fürs Picknick
Lachs-Blätterteig-Körbchen

1. Stufe Karenz: geeignet/
2. Stufe Testphase: geeignet
Für 12 Stück • gut vorzubereiten
⏲ 30 Min. + 15 Min. Backzeit

1 Paket Blätterteig (tiefgekühlt) • 24 Muffinförmchen aus Papier • 100 g Räucherlachs (in Scheiben) • 1 Zitrone • 100 g Schmand (laktosearm) • 2 Eier • 2 EL Schnittlauchröllchen • 4 TL Tafelmeerrettich, scharf • Salz • Pfeffer, frisch gemahlen • Muskatnuss, frisch gerieben

● Den Backofen auf 200 Grad (Umluft 180 Grad) vorheizen. Den Blätterteig in 12 Rechtecke schneiden. Je zwei Papierförmchen ineinanderstecken und den Teig hineinlegen. Falls vorhanden, die Papierförmchen in ein Muffinblech setzen. Den Lachs in feine Streifen schneiden und auf die Förmchen verteilen.

● Die Zitrone auspressen. Schmand, Eier, Schnittlauch und Meerrettich verrühren und mit Salz, Pfeffer, Muskat und Zitronensaft würzen. Die Masse in die Förmchen füllen. Die Lachs-Blätterteig-Körbchen im vorgeheizten Ofen etwa 15 Min. backen. Anschließend herausnehmen und noch warm servieren.

Bei Histaminunverträglichkeit Räucherlachs ist sehr histaminreich und sollte gemieden werden. Alternativ: 100 g fangfrischen oder tiefgekühlten Seelachs (oder: Kabeljau, Rotbarsch) in der Pfanne mit 1 TL Öl andünsten und in kleine Stücke teilen. In die Muffinförmchen legen und weiter verfahren wie oben angegeben.

Ganz fein – als Vorspeise für Gäste
Lachsterrine

1. Stufe Karenz: geeignet/
2. Stufe Testphase: geeignet
Für 2 – 3 Personen • braucht etwas mehr Zeit
⏲ 30 Min. + 3 Stunden Kühlzeit

3 Blatt weiße Gelatine • ½ Bund Schnittlauch • 250 g Joghurt (laktosearm) • 200 g Schmand (laktosearm) • 1 TL abgeriebene Zitronenschale (unbehandelt) • 4 TL Tafelmeerrettich (scharf) • Salz • Pfeffer, frisch gemahlen • 2 EL Zitronensaft • 250 g Räucherlachs (in Scheiben) • 1 Kästchen Kresse

● Die Gelatine in kaltem Wasser einweichen. Schnittlauch waschen und in feine Röllchen schneiden. Joghurt, Schmand, Zitronenschale, Schnittlauch und den Meerrettich mischen und kräftig mit Salz und Pfeffer würzen.

● Zitronensaft leicht erwärmen (nicht kochen). Die Gelatine gut ausdrücken und im warmen Zitronensaft auflösen. Zuerst ein wenig Joghurtmasse zur Gelatine geben, dann erst die Gelatinemischung unter die restliche Masse rühren.

● Eine Terrinenform mit Klarsichtfolie auslegen und den Lachs leicht überlappend hineinlegen. Die Joghurtmasse einfüllen und mindestens 3 Stunden kalt stellen. Die Kresse vom Beet herunterschneiden. Die Joghurtterrine auf eine Platte stürzen und mit der Kresse garnieren.

Bei Histaminunverträglichkeit Leider nicht geeignet.

❯ Lachs-Blätterteig-Körbchen

Hauptgerichte : Forelle

Ein Klassiker, der immer wieder gut ist
Forelle Müllerin-Art

1. Stufe Karenz: geeignet / 2. Stufe Testphase: geeignet
Für 2 Personen • gelingt leicht
⏲ 45 Min.

- 2 frische Forellen (à ca. 300 g, ausgenommen)
- 1 große unbehandelte Zitrone
- 3 EL Mehl
- Salz
- 50 ml Pflanzenöl
- 60 g Butter (oder milchfreie Margarine)
- 1 Bund Petersilie

● Die Forellen gründlich waschen und mit einem Küchentuch trocken tupfen. Die Zitrone halbieren und 2 dünne Scheiben abschneiden, beiseitestellen. Die Zitrone auspressen. Die Forellen mit dem Zitronensaft beträufeln und mindestens 5 Min. ziehen lassen, damit sich das Fischfleisch festigt.

● Das Mehl auf einen flachen Teller geben, die Forellen innen und außen salzen und im Mehl wenden, sodass sie rundherum bemehlt sind. Das Öl in einer großen Pfanne erhitzen und jede Forelle etwa 5 – 7 Min. goldbraun braten, dabei häufig wenden, damit sie gleichmäßig garen. Die Fische sind gar, wenn sich die Rückenflosse leicht herausziehen lässt und das daran haftende Fleisch weiß ist. Kurz vor dem Garzeitende 30 g Butter in die Pfanne geben, um den Geschmack zu verfeinern.

● Petersilie waschen, trocken tupfen und zupfen. Die Petersilie fein hacken und beiseite stellen. Die restlichen 30 g Butter in einem Topf erhitzen, gehackte Petersilie hinzufügen und vermischen. Dann die Forellen auf eine vorgewärmte Platte legen und mit der Butter-Petersilien-Mischung begießen. Wer mag, gibt noch etwas Zitronensaft dazu.

● Zum Servieren die Forelle mit den Zitronenscheiben dekorieren.

Das passt dazu Lecker mit Petersilienkartoffeln und Dill-Gurken-Salat.

Variante Lecker ist auch Forelle mit Mandelbutter. Hierzu statt der Petersilie Mandeln verwenden. Dazu 30 g gehobelte Mandeln ohne Fett in der Pfanne anrösten, bis sie goldbraun sind. Wenn die Forellen gar sind, aus der Pfanne nehmen, 30 g Butter hinzugeben und die gerösteten Mandeln kurz darin schwenken. Anschließend über die angerichteten Forellen geben.

Bei Histaminunverträglichkeit Wenn der Fisch sehr frisch ist, ist dieses Gericht gut bekömmlich.

Hauptgerichte : Hähnchen

Mit leichter Schärfe und orientalischer Note
Hähnchen in Brokkoli-Mandel-Sauce

1. Stufe Karenz: geeignet/
2. Stufe Testphase: geeignet
Für 2 Personen • braucht etwas mehr Zeit
⏱ 45 Min.

2 Zwiebeln (ab der Testphase) • 2 Knoblauchzehen (ab der Testphase) • 2 frische rote Chilischoten • 40 g gehobelte Mandeln • 250 g Hähnchenbrustfilet • Salz • weißer Pfeffer, frisch gemahlen • Paprikapulver, edelsüß • 3 TL Speisestärke • 4 EL Olivenöl • 250 g tiefgekühlter Brokkoli • 1 TL Kreuzkümmel (Kumin) • 50 g gemahlene Mandeln • 450 ml Gemüsebrühe • 50 g frisch geriebener Parmesan

● Zwiebeln und Knoblauch abziehen und grob hacken. Die Chilischoten längs aufschneiden und entkernen, in feine Streifen schneiden. Die Mandeln ohne Fett anrösten. Anschließend sofort herausnehmen und beiseitestellen.

● Das Fleisch kalt abspülen, trocken tupfen und in mundgerechte Würfel schneiden. Mit Salz, Pfeffer und Paprikapulver würzen. Die Speisestärke auf einen Suppenteller geben und die Fleischwürfel darin wenden.

● In einer Pfanne das Olivenöl erhitzen und das Fleisch darin bei mittlerer Hitze braun anbraten. Die Brokkoliröschen zum Fleisch geben und Zwiebeln, Knoblauch, Chili, Kreuzkümmel und gemahlene Mandeln hinzufügen. Erhitzen, die Gemüsebrühe angießen und etwa 10 Min. mit geschlossenem Pfannendeckel gar schmoren.

● Vor dem Servieren abschmecken und mit dem frisch geriebenen Parmesan bestreuen.

Bei Histaminunverträglichkeit Ersetzen Sie den Parmesankäse einfach durch jungen Gouda.

Ein ideales Mittagessen für Berufstätige
Hähnchen in Kürbiskernsauce

1. Stufe Karenz: geeignet/
2. Stufe Testphase: geeignet
Für 2 Personen • braucht etwas mehr Zeit
⏱ 40 Min. + 25 Min. Garzeit

450 g Hähnchenbrustfilet • 1 Gemüsezwiebel (200 g) (ab der Testphase) • 300 g Möhren • Salz • Pfeffer, frisch gemahlen • 70 g geschälte Kürbiskerne • 2 Scheiben Vollkorntoast • 1 kleine frische Chilischote

● Das Fleisch kalt abspülen und trocken tupfen. Die Zwiebel abziehen. Die Möhren waschen und putzen. Zwiebeln und Möhren grob zerkleinern, mit dem Fleisch, Salz, Pfeffer und 300 ml Wasser in einen Topf geben, zum Kochen bringen und 25 Min. bei mäßiger Hitze gar kochen.

● Das Hähnchenfilet herausnehmen, etwas abkühlen lassen und in Scheiben schneiden. Kürbiskerne in einer Pfanne ohne Fett anrösten. Sobald sich kleine Blasen an den Kernen bilden und es knackt, sofort aus der Pfanne nehmen. Beiseitestellen.

● Das Brot zerbröckeln und mit den Kürbiskernen und dem Gemüse pürieren. Die Chilischote entkernen, fein schneiden, unterrühren und die Sauce abschmecken. Die Hähnchenscheiben fächerförmig anordnen und mit der Sauce servieren.

Bei Histaminunverträglichkeit Genießen Sie ohne Reue!

Tipp Zwiebeln und Knoblauch werden durch Erhitzen deutlich verträglicher. Achten Sie zukünftig darauf, dass Sie Zwiebeln und Co. gut durchgaren. Gemüsezwiebeln und Schalotten verursachen in geringen Mengen verzehrt am wenigsten Beschwerden!

➔ Hähnchen in Brokkoli-Mandel-Sauce

Hähnchen : Hauptgerichte 81

Hähnchen, Schweinefilet : Hauptgerichte

Im Päckchen gebacken bleibt es besonders saftig
Orangenhähnchen

1. Stufe Karenz: bedingt geeignet/
2. Stufe Testphase: geeignet
Für 2 Personen • braucht etwas mehr Zeit
⏱ 40 Min. + 15 Min.

300 g Möhren • 1 Orange (unbehandelt) • 2 Hähnchenbrustfilets (je 150 g) • 2 EL Öl • 2 kleine Zweige Rosmarin • Salz • Pfeffer, frisch gemahlen • 1 TL Reissirup • Pergamentpapier oder Backpapier

● Den Backofen auf 200 Grad (Umluft 180 Grad) vorheizen. Die Möhren waschen, putzen und in dünne Scheiben schneiden. Von der Orange vier dünne Scheiben abschneiden, den Rest auspressen. Die Hähnchenbrustfilets salzen und pfeffern. Das Öl in einer Pfanne erhitzen und die Hähnchenbrustfilets darin bei starker Hitze von beiden Seiten kurz anbraten. Die Rosmarinzweige dazugeben und mitbraten. Alles herausnehmen und beiseitestellen.

● Möhren und Orangenscheiben in die Pfanne geben. Mit 6 EL Orangensaft ablöschen und mit Salz, Pfeffer und Reissirup abschmecken. Gemüse mittig auf ein Stück Pergamentpapier (40 × 40 cm) setzen, die Hähnchenbrustfilets und die Rosmarinzweige dazulegen.

● Das Papier zu einem Paket zusammenfalten und die Enden kräftig verdrehen. Im vorgeheizten Ofen auf der zweiten Schiene von unten 15 Min. backen.

Bei Histaminunverträglichkeit Hin und wieder kann es nach Orangen zu Beschwerden kommen. Da die hier verwendete Menge nicht sehr hoch ist, können Sie dieses Gericht auf seine Verträglichkeit hin testen.

◀ Orangenhähnchen

Im Pfännchen serviert ein toller Hingucker
Schneller Filettopf

1. Stufe Karenz: geeignet/
2. Stufe Testphase: geeignet
Für 2 Personen • gelingt leicht
⏱ 30 Min.

300 g Schweinefilet • 100 g Kabanossi-Wurst • 1 große rote Paprikaschote • 2 Gewürzgurken • 100 g entsteinte schwarze Oliven • 1 EL Mehl • 50 g Silberzwiebeln aus dem Glas • 100 g Sahne (laktosearm) • 1 TL getrockneter Majoran • Salz • Pfeffer, frisch gemahlen

● Das Filet kalt abspülen, trocken tupfen, in dicke Scheiben schneiden und flach drücken. Die Kabanossi häuten und in Scheiben schneiden. Paprika waschen, putzen und in kleine Würfel schneiden. Die Gewürzgurken fein hacken. Die Oliven vierteln.

● Die Wurst in einem heißen Bräter nicht zu scharf von allen Seiten kurz anbraten, herausnehmen und die Filetscheiben im Topf rundherum kräftig anbraten. Das Mehl unterrühren, leicht anschwitzen und anschließend mit 125 ml Wasser ablöschen. Paprikawürfel dazugeben und alles einmal aufkochen lassen.

● Wurst, Gurken, Oliven und die abgetropften Silberzwiebeln zugeben. Die Sahne einrühren. Mit Majoran, Pfeffer und Salz würzen und bei milder Hitze durchziehen lassen.

Bei Histaminunverträglichkeit Dauerwürste wie Kabanossi bereiten häufig Probleme. Streichen Sie diese aus dem Rezept und erhöhen den Filetanteil um 100 g. Die Oliven bitte ersatzlos streichen.

Hauptgerichte : Hackbraten

Der Römertopf garantiert einen saftigen Genuss
Römischer Hackbraten

1. Stufe Karenz: geeignet/2. Stufe Testphase: geeignet
Für 2 Personen • braucht etwas mehr Zeit
⏱ 40 Min. + 60 – 70 Min. Garzeit

- ½ altbackenes Brötchen
- 1 kleine Zwiebel (ab der Testphase)
- 1 Knoblauchzehe (ab der Testphase)
- ½ kleine Fenchelknolle
- ½ rote Paprikaschote
- ½ Bund glatte Petersilie
- ½ Bund Schnittlauch
- 50 g getrocknete Tomaten
- 25 g schwarze entkernte Oliven
- 375 g gemischtes Hackfleisch
- 1 Ei
- 30 g Pinienkerne
- 1 TL frische Thymianblättchen
- ½ TL Paprikapulver (edelsüß)
- Salz
- Pfeffer, frisch gemahlen
- 125 g Kirschtomaten
- 1 Bund Basilikum
- 75 g Parmaschinken
- 2 EL geriebener Parmesankäse

● Den Backofen auf 180 Grad (Umluft 160 Grad) vorheizen. Einen Römertopf in kaltem Wasser wässern. Das halbe Brötchen in kaltem Wasser einweichen. Zwiebel und Knoblauch abziehen und klein würfeln. Fenchel waschen, putzen, Stiel und den Strunk heraustrennen und den Fenchel danach in kleine Würfel schneiden.

● Paprika waschen, putzen und in kleine Würfel schneiden. Petersilie und Schnittlauch waschen und hacken. Die getrockneten Tomaten und Oliven abtropfen lassen und fein hacken. Das Brötchen gut ausdrücken und in eine große Schüssel geben.

● Hackfleisch, Ei, Pinienkerne, Zwiebeln, Knoblauch, Paprika, Fenchel, Tomaten, Oliven und die gehackten Kräuter hinzufügen. Alles zu einem glatten Teig verkneten und mit den Thymianblättchen, Paprikapulver, Salz und Pfeffer würzen.

● Den Hackfleischteig zu einem Laib formen. Den Römertopf innen trocken reiben und den Hackbraten hineinlegen. Bei geschlossenem Deckel auf der mittleren Einschubleiste rund 1 Stunde garen.

● Die Tomaten waschen und halbieren. Das Basilikum waschen, zupfen und klein schneiden. Nach 30 Min. den Deckel abnehmen und beides an dem Rand des Römertopfes verteilen, dann den Parmaschinken dachziegelartig über den Braten legen. Weitere 15 Min. backen. 7 – 8 Min. vor Ende der Garzeit den geriebenen Parmesankäse über den Hackbraten streuen.

Das passt dazu Der feine Gemüsesud der Kirschtomaten ist automatisch eine schöne Sauce zu Nudeln, Reis oder Kartoffeln.

Bei Histaminunverträglichkeit Nicht geeignet.

Besonderes

Vielleicht rollen Ihre Gäste auch gerne mit

Maki mit Avocado und Lachs

1. Stufe Karenz: geeignet/2. Stufe Testphase: geeignet
Für 4 – 6 Personen • exotische Zutaten
⏱ 1 Stunde + 1 Stunde Kühlzeit

- 250 g Sushi-Reis
- 3 EL Reisessig
- 1½ TL Salz
- 2 – 3 EL Traubenzucker

- 1 Avocado
- 100 g Räucherlachs oder frisches Lachsfilet
- 6 – 8 Noriblätter (Algenblätter)
- 1 Bambusmatte zum Aufrollen

● Den Reis so lange in einem Sieb unter fließendem, kaltem Wasser abspülen, bis das ablaufende Wasser klar bleibt. Den Reis mit 500 ml Wasser in einem Topf zum Kochen bringen, nach 2 Min. den Deckel auflegen und den Reis auf kleinster Flamme 20 Min. ausquellen lassen. Anschließend von der Herdstelle nehmen, mit einem Küchentuch bedecken und 10 Min. stehen lassen.

● Den Reis idealerweise anschließend in eine Holzschüssel umfüllen. Reisessig, Salz und Traubenzucker hinzufügen und mit einem Holzlöffel rasch untermischen. Den Sushi-Reis 1 Stunde abkühlen lassen.

● Die Avocado schälen, den Stein entfernen und das Fruchtfleisch in 0,5 cm breite Streifen schneiden. Frisches Lachsfilet in dünne Streifen schneiden, den Räucherlachs ebenfalls in 0,5 cm breite Streifen schneiden.

● Ein Noriblatt auf die Bambusmatte legen und 0,5 cm dick mit Sushi-Reis bestreichen. Den oberen Rand 1 cm frei lassen. Auf das untere Drittel eine Reihe Avocado oder Lachs legen. Die Bambusmatte, von der unteren Seite beginnend, so fest es geht aufrollen.

● Anschließend die Bambusmatte entfernen und die Rolle mit einem in kaltem Wasser getränkten, scharfen Messer in Stücke schneiden und mit der Schnittseite nach oben hübsch angeordnet auf einem Holzbrett servieren.

Das passt dazu Etwas süß-sauer eingelegten Ingwer und Wasabi zu den Maki reichen. Zum Dippen der Sushi ein Schälchen Sojasauce bereitstellen.

Bei Histaminunverträglichkeit Nicht geeignet.

Ein feines Süppchen für Gäste

Maronensuppe

1. Stufe Karenz: geeignet/
2. Stufe Testphase: geeignet
Für 4 – 6 Personen • braucht etwas mehr Zeit
⏱ 40 Min.

100 g Lauch • 100 g Staudensellerie • 1 EL Butter (oder milchfreie Margarine) • 1 EL Olivenöl • 400 g gegarte Maronen (vakuumverpackt) • 75 ml trockener Weißwein • 1,2 l Geflügelfond • Salz • Pfeffer, frisch gemahlen • 6 Stängel Minze • 4 Stängel Petersilie • 2 TL abgeriebene Zitronenschale • 100 g Sahne (laktosearm)

● Den Lauch waschen, putzen und in feine Ringe schneiden. Den Sellerie waschen, putzen, schälen, in dünne Scheiben schneiden. Mit der Butter und dem Olivenöl in einem Topf bei mittlerer Hitze andünsten.

● Die Maronen in Stücke schneiden und kurz mit andünsten. Mit dem Wein ablöschen, kurz einkochen lassen und mit Geflügelfond auffüllen. Mit Salz und Pfeffer würzen und 10 – 15 Min. bei geringer Hitze köcheln lassen.

● Die Suppe mit dem Mixstab pürieren. Minze und Petersilie waschen, zupfen und klein schneiden. Mit der abgeriebenen Zitronenschale mischen. Die Sahne steif schlagen und kurz vor dem Servieren unter die Suppe heben. Zuletzt die Kräuter-Zitronenschalen-Mischung auf die Suppe streuen.

Bei Histaminunverträglichkeit Probieren Sie die Suppe in der Testphase, ob sie für Sie verträglich ist.

Einfach nur lecker

Kalbsfilet mit Kürbis-Kokos-Püree

1. Stufe Karenz: geeignet/
2. Stufe Testphase: geeignet
Für 2 Personen • gelingt leicht
⏱ 15 Min. + 1½ Stunden Garzeit

350 g Kalbsfilet (7 cm dick) • Salz • Pfeffer, frisch gemahlen • 1 EL Öl • 1 TL Kakaopulver (Kochkakao) • 1 Msp. Chili • 350 g Hokkaidokürbis • 2 TL Butter (oder milchfreie Margarine) • 200 ml Kokosmilch • Saft von ½ Limette

● Den Backofen auf 85 Grad (Ober-/Unterhitze) vorheizen. Das Kalbsfilet mit Salz und Pfeffer würzen. Das Öl in einer Pfanne erhitzen und das Fleisch von beiden Seiten anbraten. Kakaopulver mit dem Chilipulver mischen und das Fleisch von allen Seiten damit einreiben.

● Ein Bratenthermometer mittig (die dickste Stelle wählen) in das Filetstück stecken. Das Fleisch auf einen Rost setzen und im Backofen 1½ Stunden garen, bis eine Kerntemperatur von 65 Grad erreicht ist. Eine Auflaufform unter das Fleisch stellen, damit der Fleischsaft aufgefangen wird.

● Den Kürbis waschen, entkernen und in walnussgroße Stücke schneiden. Butter in einer Pfanne schmelzen und den Kürbis darin kurz andünsten. Mit der Kokosmilch ablöschen, 10 Min. köcheln lassen und mit einem Mixstab zu einem feinen Püree verarbeiten. Mit Salz, Pfeffer und Limettensaft abschmecken.

Bei Histaminunverträglichkeit Erst in der Testphase geeignet, da lang gegarte Fleischgerichte histaminhaltiger sind als Kurzgebratenes. Der sehr geringe Kakaoanteil führt in der Regel nicht zu Beschwerden.

Sehr saftig dank der Niedrigtemperatur-Garmethode
Roastbeef

1. Stufe Karenz: geeignet / 2. Stufe Testphase: geeignet
Für 4 – 6 Personen • braucht etwas mehr Zeit
⊙ 20 Min. + 3½ Stunden Garzeit

- 1 kg Roastbeef
- Salz
- schwarzer Pfeffer, frisch gemahlen
- 60 g Butterschmalz

● Den Backofen auf 80 Grad Umluft vorheizen. (Idealerweise kontrollieren Sie die Temperatur mit einem Backofenthermometer.) Das Roastbeef mit Küchenpapier trocken tupfen. Auf der Fettseite vorsichtig rautenförmig einschneiden, ohne ins Fleisch zu schneiden. Von allen Seiten gleichmäßig salzen und pfeffern.

● In einer gusseisernen Grillpfanne das Butterschmalz erhitzen. Das Fleischstück mit der Fettseite zuerst von allen Seiten 3 – 4 Min. kräftig anbraten.

● Ein Bratenthermometer mittig (die dickste Stelle wählen) in das Roastbeef stecken. Anschließend das Fleischstück auf einen Rost in den vorgeheizten Backofen setzen. Zwei Schienen tiefer die Fettpfanne einschieben. So kann die Hitze von allen Seiten gleichmäßig an das Fleisch kommen und der Bratensaft wird aufgefangen.

● Das Roastbeef ca. 3 – 3 ½ Stunden garen. Hat das Fleisch eine Kerntemperatur von 60 Grad, ist es schön zart und rosa (»medium«), bei 55 Grad ist es blutig (»rare«) und beträgt die Kerntemperatur 65 Grad ist es durchgebraten (»well done«).

● Wenn das Fleisch warm verzehrt werden soll, etwa 10 Min. vor dem Aufschneiden in Alufolie wickeln und ruhen lassen, dann läuft kaum Fleischsaft aus. Wenn es kalt gegessen werden soll, gut durchkühlen lassen und erst dann aufschneiden. Dann eignet es sich prima als Ergänzung zu einer Gemüsemahlzeit.

Bei Histaminunverträglichkeit Lang gegarte Fleischgerichte wie dieses Roastbeef sind leider in der Regel nicht sehr gut bekömmlich.

Variante Das Fleisch mit Rosmarin, Thymian und Knoblauch, Olivenöl und Pfeffer 1 – 2 Tage in der Folie marinieren. Erst vor dem Braten salzen.

Besonderes : Lamm

Der Hit, wenn Sie Gäste erwarten

Kräuterlammrücken mit Bohnenpäckchen

1. Stufe Karenz: bedingt geeignet/2. Stufe Testphase: geeignet
Für 4 Personen • gut vorzubereiten
◷ 40 Min. + 30 Min. Garzeit

Für den Lammrücken:
- 1,6 kg Lammrücken mit Knochen
- Salz
- Pfeffer, frisch gemahlen
- 4 Knoblauchzehen (ab der Testphase)
- 2 EL Kräutersenf
- 2 Möhren
- 100 g Sellerie (alternativ 1 Gemüsezwiebel)
- 80 g Butterschmalz
- 300 g Gemüsebrühe
- 2 Bund glatte Petersilie
- etwas frischer Thymian
- 4 EL Paniermehl

Für die Bohnenpäckchen:
- 400 g grüne Bohnen
- 8 Scheiben Frühstücksspeck (Bacon)
- 40 g Butterschmalz
- Petersilie, gehackt

● Den Backofen auf 220 Grad (Ober-/Unterhitze) vorheizen. Den Lammrücken kalt abspülen, trocken tupfen und vom groben Fett befreien. Mit Salz und Pfeffer einreiben. 2 Knoblauchzehen abziehen, durchpressen und mit dem Senf vermischen. Möhren und Sellerie waschen, putzen und in grobe Stücke schneiden.

● 1 EL Butterschmalz in einen Bräter geben und im Backofen erhitzen. Die Gemüsewürfel im Bräter verteilen, evtl. anfallende Abschnitte vom Parieren des Lammrückens können ebenfalls mit hinzugegeben werden. Den Lammrücken obenauf legen und die Senfmasse auf dem Fleisch verteilen.

● Den Lammrücken etwa 30 Min. auf der mittleren Schiene braten. Petersilie waschen und zupfen. Petersilie und Thymianblättchen klein hacken, 2 Knoblauchzehen abziehen, durchpressen und zur Kräutermischung geben. Zusammen mit dem Paniermehl unter das restliche Butterschmalz kneten. Das Lammfleisch damit bestreichen und 15 Min. backen.

● Die Bohnen putzen und in Salzwasser etwa 15 Min. garen. Anschließend abtropfen lassen, zu kleinen Bündeln zusammenlegen und mit je 1 Scheibe Bacon umwickeln. Mit einem Holzstäbchen feststecken. Das Butterschmalz erhitzen und die Bohnenpäckchen darin anbraten. Mit Petersilie bestreuen und zum Lammrücken servieren.

Bei Histaminunverträglichkeit Der Bacon kann Probleme bereiten. Streichen Sie ihn einfach oder ersetzen Sie ihn durch gekochten Schinken.

Tipp Mit einer anderen Gemüsebeilage (z.B. Möhren) können Sie diesen leckeren Lammrücken auch schon in der Karenzphase genießen.

Beilagen

Köstliche Kartoffeln aus dem Ofen
Rosmarinkartoffeln

1. Stufe Karenz: geeignet/
2. Stufe Testphase: geeignet
Für 4 Personen • gelingt leicht
⊙ 15 Min. + 40 Min. Backzeit

800 g kleine Kartoffeln • 2 Zweige Rosmarin • 3 EL Öl •
1 TL grobes Salz

● Den Backofen auf 200 Grad (Umluft 180 Grad) vorheizen. Die Kartoffeln gründlich unter fließendem Wasser bürsten und halbieren. Rosmarin waschen und trocken tupfen. Von einem Zweig die Nadeln von den Stielen zupfen.

● Die Kartoffeln in eine feuerfeste Form geben. Das Öl darüberträufeln, das Salz darüberstreuen und die abgezupften Rosmarinnadeln untermischen. Den restlichen Rosmarinzweig in Stücke brechen und zwischen die Kartoffeln stecken. Die Kartoffeln ca. 40 Min. im Ofen backen.

Bei Histaminunverträglichkeit Sehr gut verträglich.

Kleine Röstis mit Mandeln verfeinert
Kartoffel-Mandel-Plätzchen

1. Stufe Karenz: geeignet/
2. Stufe Testphase: geeignet
Für 2 Personen • gelingt leicht
⊙ 40 Min.

1 kleine Schalotte (ab der Testphase) • 250 g Kartoffeln •
40 g gehobelte Mandeln • 1 Ei • Salz • Pfeffer, frisch gemahlen • Muskatnuss, frisch gerieben • Butterschmalz zum Braten

● Die Schalotte abziehen und fein hacken. Die Kartoffeln schälen und grob raspeln. Zusammen mit den Schalottenwürfeln, Mandeln und dem Ei in einer Rührschüssel vermengen und mit Salz, Pfeffer und Muskat kräftig abschmecken.

● Das Butterschmalz in einer Pfanne erhitzen. Mit zwei Esslöffeln aus dem Kartoffelteig flache Plätzchen formen und portionsweise von jeder Seite 2–3 Min. braten.

Bei Histaminunverträglichkeit Genießen Sie ohne Reue.

Fernöstlicher Nussreis
Reis wunderbar orientalisch

1. Stufe Karenz: geeignet/
2. Stufe Testphase: geeignet
Für 4 Personen • gut vorzubereiten

⏱ 15 Min. + 25 Min. Garzeit

2 TL Traubenzucker • 4 EL Sonnenblumenöl • 5 Kardamomkapseln • 3 Nelken • 1 Lorbeerblatt • 1 Stange Zimt • 5 Pfefferkörner • 150 g Basmati-Reis • 2 EL gehobelte Mandeln • 2 EL Pistazien (grob gehackt) • 2 EL Cashew-Kerne (ungesalzen) • 1 Msp. Kurkuma • Salz

● Traubenzucker und Öl in einer Pfanne erhitzen, dabei ständig rühren. Wenn das Öl heiß ist, Kardamomkapseln, Nelken, das Lorbeerblatt, Zimt und die Pfefferkörner hinzufügen und so lange rühren, bis sich die Gewürze verfärben.

● Den Reis hinzufügen und unter Rühren anbraten, bis er glasig ist. Die Mandeln, Pistazien und Cashew-Kerne dazugeben und alles zusammen goldbraun anbraten.

● 450 ml Wasser angießen, Kurkuma und etwas Salz einstreuen. Nochmals gut durchrühren und bei geschlossenem Deckel bei geringer Hitze ausgaren, bis der Reis körnig und trocken ist (etwa 25 Min.). Die Zimtstange vor dem Servieren entfernen.

Das passt dazu Lecker zu indischen oder arabischen Fleisch- und Fischgerichten.

Bei Histaminunverträglichkeit Genießen Sie ohne Reue.

Tipp Wenn Ihnen dies zu viel Aufwand ist, Sie aber trotzdem eine indische Geschmacksnote an Ihrem Reis bevorzugen, kochen Sie den Reis mit 10 grünen Kardamomkapseln. Sie geben dem Reis eine unverwechselbare Note!

Möhren in Petersilienbutter
Bringen Ruhe in Ihren Bauch

1. Stufe Karenz: geeignet/
2. Stufe Testphase: geeignet
Für 2 Personen • gelingt leicht

⏱ 15 Min. + 20 Min. Garzeit

500 g kleine Möhren • Salz • weißer Pfeffer, frisch gemahlen • 1 Bund glatte Petersilie • 30 g Butterschmalz • 1 Prise Traubenzucker

● Die Möhren waschen, putzen, schälen und in mundgerechte Stücke schneiden. Mit Salz und einer Tasse Wasser in einem Topf etwa 20 Min. gar kochen. Abgießen.

● Die Petersilie abspülen, trocken schwenken, die Blättchen abzupfen und fein hacken. Das Butterschmalz in einer Pfanne zerlassen, die gegarten Möhren mit der Petersilie darin schwenken und mit Salz, weißem Pfeffer und Traubenzucker abschmecken.

Bei Histaminunverträglichkeit Genießen Sie ohne Reue.

Tipp Dieses Rezept ist unsere wohlschmeckende Sicherheitsmahlzeit: Sollten Sie zu häufig eingeladen worden sein oder über die Stränge geschlagen haben, können die Möhren in Petersilienbutter zusammen mit Pellkartoffeln nach kleinen Diätsünden wieder Ruhe in Ihren Bauch bringen.

➤ Fernöstlicher Nussreis

Reis und Gemüse : Beilagen

Ketchup : Beilagen

Eine leckere Ketchupvariante
Paprikaketchup

◂ Paprikaschoten waschen und je nach Größe halbieren oder vierteln. Kerne und Rippen herausschneiden.

◂ Paprikastücke auf ein Backblech legen und mit Öl bepinseln. Unter dem vorgeheizten Grill ca. 10 Min. rösten.

◂ Wenn die Haut Blasen wirft und schwarz wird, Schoten aus dem Ofen nehmen und mit einem feuchten Tuch abdecken.

◂ Paprikaschoten unter dem feuchten Tuch abkühlen lassen. Anschließend die Haut mit einem Messer abziehen.

1. Stufe Karenz: geeignet/
2. Stufe Testphase: geeignet
Für den Vorrat • gut vorzubereiten
⏱ 45 Min.

1 Gemüsezwiebel (ab der Testphase) • 150 g Möhren • 350 g rote Paprika • 2 EL Öl • 100 ml Möhrensaft • 3 EL Traubenzucker • 4 EL Weinessig • Salz • Pfeffer, frisch gemahlen • 1 TL Currypulver

● Die Zwiebel abziehen und in feine Würfel schneiden. Die Möhren schälen, putzen und in Würfel schneiden. Paprika halbieren, entkernen, waschen und putzen.

● Paprikaschoten mit Öl bepinseln und auf ein Backblech legen. Unter dem Grill oder auf höchster Stufe im Ofen rösten, bis die Haut dunkel wird. Unter einem feuchten Tuch abkühlen lassen, dann den Paprika häuten und in Würfel schneiden. Alles zusammen in 2 EL Öl andünsten und im geschlossenen Topf etwa 10 Min. garen.

● Den Möhrensaft zugießen. Alles in ein hohes Rührgefäß füllen und mit einem Mixstab gründlich pürieren. Traubenzucker und Weißweinessig einrühren. Mit Salz, Pfeffer, und Curry abschmecken.

Bei Histaminunverträglichkeit Den Weißweinessig vorsichtshalber um die Hälfte reduzieren.

Tipp Paprikaketchup ist eine tolle Alternative für alle, denen der Verzicht auf normalen Ketchup schwerfällt. Er lässt sich übrigens auch prima auf einer Pizza als Alternative zur Tomatensauce verarbeiten. Und wenn es einmal schnell gehen soll, können Sie für eine Pizza auch einfach ein Glas eingelegte Paprikaschoten pürieren.

Fein zu Tofu und gebratenem Gemüse
Curry-Erdnuss-Sauce

1. Stufe Karenz: geeignet/
2. Stufe Testphase: geeignet
Für 4 Personen • gut vorzubereiten
⊘ 25 Min.

1 Knoblauchzehe (ab der Testphase) • 1 Zwiebel (ab der Testphase) • 1 EL Erdnussöl • 1 TL rote Currypaste (aus dem Asien-Laden) • ¾ EL Traubenzucker • 150 g Erdnusscreme (z. B. La Comtesse Creamy, Edeka) • 200 ml Kokosmilch (aus der Dose, ungesüßt)

● Knoblauch und Zwiebel abziehen und fein hacken. Das Öl in einer Pfanne erhitzen, Knoblauch und Zwiebeln zusammen mit der Currypaste und dem Traubenzucker darin andünsten.

● Erdnusscreme und Kokosmilch dazugeben. Unter ständigem Rühren (!) einmal aufkochen und 4 Min. ausgaren lassen. Wer es scharf mag, kann mit roter Currypaste würzen.

Bei Histaminunverträglichkeit
Häufig reagieren Histaminpatienten neben Haselnüssen und Walnüssen auch auf Erdnüsse.

Tipp Die hier verwendete Erdnusscreme enthält Traubenzucker und kann problemlos genossen werden.

Ein gut verträglicher Ketchup
Tomatenketchup

1. Stufe Karenz: geeignet/
2. Stufe Testphase: geeignet
Für den Vorrat • gut vorzubereiten
⊘ 10 Min.

200 g Tomatenmark • 3 EL Brandweinessig • 60 g Reissirup • 30 g Traubenzucker • ½ TL Salz • Pfeffer, frisch gemahlen

● Tomatenmark, Brandweinessig und Reissirup in eine kleine Rührschüssel geben. Traubenzucker, Salz und Pfeffer hinzufügen.

● Mit einem Schneebesen unter Zugabe von 50 ml Wasser zu einem dickflüssigen Ketchup verrühren. In ein Schraubglas gefüllt, hält sich der Ketchup mehrere Wochen im Kühlschrank.

Bei Histaminunverträglichkeit
Histaminintolerante reagieren fast immer auf konzentrierte Tomatenprodukte wie Ketchup oder Tomatensaucen. Leider nicht geeignet!

Passt gut zu buntem Salat
Kräuter-Joghurt-Dressing

1. Stufe Karenz: geeignet/
2. Stufe Testphase: geeignet
Für 3 Personen • gelingt leicht
⊘ 10 Min.

300 g Joghurt (3,8 %, laktosearm) • 150 g Schmand (laktosearm) • 1 TL Senf • Salz • Pfeffer, frisch gemahlen • Paprikapulver • 1 kleine Knoblauchzehe (ab der Testphase) • 3 EL frische Kräuter (wahlweise tiefgekühlt)

● In einer Schüssel den laktosearmen Joghurt und Schmand mit dem Senf glatt rühren. Salz, frisch gemahlenen Pfeffer und Paprikapulver hinzufügen und untermischen.

● Die Knoblauchzehe abziehen und durchpressen. Kurz vor dem Servieren möglichst viele verschiedene frische Kräuter der Saison waschen, zupfen und fein hacken. Kräuter und den Knoblauch unter das Kräuter-Joghurt-Dressing mischen.

Bei Histaminunverträglichkeit
Gut geeignet.

Prima zu Blattsalat
Vinaigrette

1. Stufe Karenz: geeignet/
2. Stufe Testphase: geeignet
Für 3 Personen • gut vorzubereiten
⏱ 5 Min.

2 EL Weißweinessig • Salz • weißer Pfeffer, frisch gemahlen • 6 EL Maiskeimöl • ½ EL Petersilie (wahlweise tiefgekühlt) • 1 EL Schnittlauch (wahlweise tiefgekühlt) • 1 kleine Knoblauchzehe (ab der Testphase)

● Den Weißweinessig in eine Schüssel geben. Salz und frisch gemahlenen weißen Pfeffer unter Rühren hinzufügen. Das Maiskeimöl mit einem Schneebesen kräftig unterschlagen, bis sich eine leicht cremige Emulsion bildet.

● Petersilie und Schnittlauch waschen. Petersilie zupfen und fein hacken. Den Schnittlauch in feine Röllchen schneiden. Beides unter die Vinaigrette rühren. Knoblauch abziehen, durchpressen unter das Dressing rühren.

Bei Histaminunverträglichkeit
Eventuell in geringen Mengen verträglich, da der Essig mengenabhängig Beschwerden verursachen kann.

Passt prima zu Rucola
Italienisches Dressing

1. Stufe Karenz: geeignet/
2. Stufe Testphase: geeignet
Für 3 Personen • gut vorzubereiten
⏱ 10 Min.

½ kleine Zwiebel (ab der Testphase) • 1 Knoblauchzehe (ab der Testphase) • 1 TL milder Senf • Salz • weißer Pfeffer, frisch gemahlen • 1 Prise Traubenzucker • 2 EL weißer Balsamicoessig • 3 EL Olivenöl • 2 Stängel Oregano • 1 Handvoll Basilikum

● Zwiebel und Knoblauch abziehen. Zwiebel fein hacken, Knoblauch durchpressen. Zwiebeln und Knoblauch in eine Schüssel geben und Senf, Salz, Pfeffer und Traubenzucker zugeben. Essig und Olivenöl unterrühren.

● Oregano und Basilikum waschen, zupfen und sehr fein hacken. Kräuter unter das Dressing rühren und vor dem Servieren noch etwas durchziehen lassen.

Bei Histaminunverträglichkeit
Eventuell in geringen Mengen verträglich, da der Essig mengenabhängig Beschwerden verursachen kann.

Fein zu reichhaltigen Salaten
French Dressing

1. Stufe Karenz: geeignet/
2. Stufe Testphase: geeignet
Für 3 Personen • gut vorzubereiten
⏱ 10 Min.

1 Eigelb • 2 EL Öl • 1 TL Senf • ½ Schalotte (ab der Testphase) • 1 kleine Knoblauchzehe (ab der Testphase) • 4 TL Zitronensaft • 1 EL Reissirup • Salz • Pfeffer, frisch gemahlen • 1 EL Petersilie (wahlweise tiefgekühlt)

● Eigelb und Öl in ein hohes Rührgefäß füllen. Mit den Rührbesen des Handrührgeräts cremig schlagen. Den Senf untermischen.

● Schalotte und Knoblauch abziehen und sehr fein hacken, unterrühren. Das Dressing mit Zitronensaft, Reissirup, Salz und Pfeffer würzen.

● Die Petersilie waschen, zupfen und fein hacken. Kurz vor dem Servieren unter das French Dressing rühren.

Bei Histaminunverträglichkeit
Gut verträglich.

Tipp Gehackte Schalotten und durchgepressten Knoblauch ca. 1 – 1½ Min. bei 600 Watt in der Mikrowelle glasig dünsten – so werden sie noch bekömmlicher.

Süßes

Verfeinert mit Genever
Winterliche Beerengrütze

1. Stufe Karenz: bedingt geeignet/
2. Stufe Testphase: geeignet
Für 4 Personen • gelingt leicht
⊙ 15 Min.

3 EL Speisestärke • 750 g Beeren (tiefgekühlt) • 250 g Traubenzucker • 100 ml Bessen Genever (Johannisbeerlikör) • 1 TL Zimt • ½ TL Kardamom • 1 Flasche Vanillearoma • 3 EL gehobelte Mandeln

● Stärke mit etwas Wasser glatt rühren und zusammen mit den Beeren und etwas Wasser erhitzen. Traubenzucker, Genever und Gewürze hinzugeben und alles einmal aufkochen. Die Beerengrütze 5 Min. kochen lassen. Anschließend vom Herd nehmen und in eine Schüssel umfüllen.

● Gehobelte Mandeln ohne Fett bei kleiner Hitze leicht bräunen. Mandeln vor dem Servieren auf die fertige Grütze geben.

Bei Histaminunverträglichkeit Verwenden Sie keine Beerenmischung mit Erdbeeren oder entfernen Sie diese! Falls Ihnen Mandeln Probleme bereiten, streichen Sie diese ersatzlos.

Wunderbar fruchtig
Kernlose Rote Grütze

1. Stufe Karenz: bedingt geeignet/
2. Stufe Testphase: geeignet
Für 4 Personen • gut vorzubereiten
⊙ 40 Min + 15 Min. Garzeit

500 g Johannisbeeren (rot oder schwarz) • 500 g Himbeeren • 210 g Traubenzucker • 80 g Speisestärke

● Johannisbeeren waschen, von den Rispen zupfen und verlesen. Himbeeren waschen und verlesen. Anschließend die Früchte mit 500 ml Wasser in einen Topf geben, zum Kochen bringen und 10 Min. auf der ausgeschalteten Kochstelle ausgaren lassen. Die Früchte in ein Sieb geben und passieren.

● Den Saft auf einen Liter mit Wasser aufgießen und mit dem Traubenzucker nochmals kurz aufkochen. Die Stärke mit wenig kaltem Wasser anrühren und zum Saft geben. Einmal aufwallen lassen und auf der ausgeschalteten Kochstelle 5 Min. ausgaren.

Bei Histaminunverträglichkeit Genießen Sie ohne Reue.

Viel raffinierter als herkömmlicher Vanillepudding
Vanillecreme

1. Stufe Karenz: geeignet/
2. Stufe Testphase: geeignet
Für 4 Personen • preisgünstig
⏱ 20 Min.

250 ml Milch (laktosearm) • 20 g Speisestärke •
1 Prise Salz • 125 g Traubenzucker • 1 Vanilleschote •
250 g Sahne (laktosearm) • 250 g Quark (laktosearm)

● 50 ml der Milch mit der Speisestärke in einem Schüttelbecher vermischen. Die restliche Milch mit dem Salz und dem Traubenzucker in einem Topf unter Rühren zum Kochen bringen. Die Speisestärke einrühren und den Flammeri nochmals aufkochen lassen.

● Den Topf von der Kochstelle nehmen und etwas abkühlen lassen. Die Vanilleschote der Länge nach aufschneiden und mit dem Messerrücken das Mark herauskratzen. In den Flammeri rühren, dann etwas abkühlen lassen.

● In der Zwischenzeit die Sahne steif schlagen. Zuerst den Quark unter den Flammeri rühren und anschließend vorsichtig die steif geschlagene Sahne unterheben. Die Vanillecreme in dekorative Gläser füllen.

Bei Histaminunverträglichkeit Hin und wieder führen Quark und Milch zu Beschwerden. Probieren Sie einfach mal aus, ob Sie davon betroffen sind.

Tipp Durch den hohen Eiweißgehalt dieser Nachspeise eignet sie sich prima zum Ausprobieren und Wiedereinführen von Obstsorten! Zu Beginn der Testphase z.B. mit Blaubeeren genießen.

◄ Vanillecreme

Köstlich mit Brombeeren
Beerensorbet

1. Stufe Karenz: bedingt geeignet/
2. Stufe Testphase: geeignet
Für 2 Personen • gut vorzubereiten
⏱ 10 Min. + 2 Stunden Gefrierzeit

150 g gemischte Beeren • 250 g Joghurt (laktosearm) •
1 EL Kokosraspeln • 2 EL Reissirup

● Die Beeren waschen, verlesen und in ein hohes Rührgefäß füllen. Die Beeren mit einem Mixstab fein pürieren. Joghurt und Kokosflocken unterrühren und mit dem Reissirup abschmecken.

● Die Sorbetmasse in einer Eismaschine 30 Min. rühren lassen, bis ein cremiges halbfestes Eis entstanden ist. Alternativ die Masse in eine Metallschüssel füllen und 2 Stunden im Gefrierfach gefrieren. Währenddessen immer wieder einmal kräftig mit dem Schneebesen durchrühren, damit sich keine großen Eiskristalle bilden.

Bei Histaminunverträglichkeit Gut geeignet.

Wenn Sie spontan Lust auf Eis haben
Blitz-Himbeereis

1. Stufe Karenz: bedingt geeignet/
2. Stufe Testphase: geeignet
Für 3 – 4 Personen • gelingt leicht
⏱ 10 Min.

300 g gefrorene (!) Himbeeren • 150 g Traubenzucker • 150 ml Milch (laktosearm) • 150 g Sahne (laktosearm)

● Alle Zutaten in ein hohes Gefäß füllen. Die Himbeeren nicht antauen lassen. Mit dem Mixstab gründlich zerkleinern, bis eine homogene Masse entstanden ist. Bevor Sie das Eis in Glasschälchen füllen, sollten diese für einige Minuten im Eisfach gekühlt werden. Dadurch bleibt das Eis länger fest.

Bei Histaminunverträglichkeit Hin und wieder führt Milch bei gleichzeitiger Histaminunverträglichkeit zu Beschwerden. Wenn Sie stattdessen nur Sahne verwenden, wird es problemlos vertragen.

Variante Eine weitere Möglichkeit ist auch, die Eismasse in Eis-am-Stiel-Formen zu füllen. Nach ein paar Stunden haben Sie ein herrliches Eis – prima für Kinder. Hierfür benötigen Sie auch keine gefrorenen Früchte. Probieren Sie dieses Fruchteis auch mal mit anderen verträglichen Obstsorten: beispielsweise mit Aprikosen, Pfirsichen, Erdbeeren oder Heidelbeeren. Wenn süßere Früchte verwendet werden, kann der Traubenzuckeranteil um bis zu 50 g reduziert werden.

Köstlich mit Schokostückchen
Schokoladen-Sahne-Eis

1. Stufe Karenz: geeignet/
2. Stufe Testphase: geeignet
Für 3 Personen • braucht etwas mehr Zeit
⏱ 15 Min. + 40 Min. Gefrierzeit

100 g Traubenzucker • 15 g Kakaopulver (Kochkakao) • 1 Eigelb • 150 ml Milch (laktosearm) • 200 g Sahne (laktosearm) • 25 g Schokolade (mindestens 70% Kakao, milchfrei)

● Traubenzucker und Kakao mischen. Eigelb und Milch mit einem Schneebesen verrühren. Die Kakao-Zucker-Mischung einstreuen und alles gründlich verrühren, bis sich der Kakao vollständig aufgelöst hat.

● Die Sahne fast steif schlagen und zur Kakaomischung geben. Die Schokolade mit einem großen Messer grob hacken und zur Eismischung geben. Die Masse in einer Eismaschine 40 Min. rühren lassen, bis ein cremiges halbfestes Eis entstanden ist.

Bei Histaminunverträglichkeit Kakao führt leider häufig zu Beschwerden.

Tipp Das Eis schmeckt frisch aus der Eismaschine am besten. Reste können Sie in einem geschlossenen Gefäß im Tiefkühlfach aufbewahren. Es wird im Eisschrank recht fest, da das Eis ohne Zusätze auskommt. Holen Sie es daher 20 Min. vor dem Verzehr aus dem Gefrierfach. Sie haben keine Eismaschine? Kein Problem! Stellen Sie die flüssige Eismasse einfach ins Tiefkühlfach. Damit sich keine Kristalle bilden, muss das Eis alle 5 – 10 Min. mit einem Schneebesen kräftig gerührt werden.

❯ Schokoladen-Sahne-Eis

106 Süßes : Biskuit, Pralinen

Locker, luftig, lecker
Süßes Biskuitomelett

1. Stufe Karenz: geeignet/
2. Stufe Testphase: geeignet
Für 2 Personen • gelingt leicht
⊘ 15 Min. + 10 – 15 Min. Backzeit

½ EL Butterschmalz • 3 Eiweiße • 80 g Traubenzucker • 2 Eigelbe • Mark von ½ Vanilleschote • ½ Päckchen abgeriebene Zitronenschale (z. B. von Oetker) • 20 g Mehl • 1 Msp. Backpulver • 20 g flüssiges Butterschmalz

● Den Backofen auf 225 Grad (Umluft 200 Grad) vorheizen. Auf einem Backblech etwas Butterschmalz zerlassen. Das Butterschmalz auf dem Backblech gleichmäßig verteilen – besonders in den Ecken. In einer Rührschüssel das Eiweiß mit dem Traubenzucker sehr steif schlagen.

● In einer weiteren Rührschüssel die Eigelbe mit dem Mark der Vanilleschote und der Zitronenschale kräftig verrühren. Das Mehl und das Backpulver darübersieben und vorsichtig unterheben. Das flüssige Butterschmalz langsam einrühren. Zum Schluss die Eiweiße nur kurz und vorsichtig unter die Masse heben.

● Die Omelettmasse aufs Blech geben und glatt streichen. 10 – 15 Min. im vorgeheizten Backofen goldgelb backen.

Bei Histaminunverträglichkeit Genießen Sie ohne Reue.

Variante Dieses Biskuitomelett eignet sich als leckere Zwischenmahlzeit mit vielfältigen Füllungen. In der 1. Stufe z. B. bestreut mit einer Zimt-Traubenzucker-Mischung oder mit Bananenscheiben, in der Testphase (2. Stufe) z. B. mit Blaubeeren.

◂ Süßes Biskuitomelett

Selbst gemachtes Marzipan mit sahniger Schokohülle
Marzipanpralinen

1. Stufe Karenz: geeignet/
2. Stufe Testphase: geeignet
Für 20 Stück • gut vorzubereiten
⊘ 50 Min.

200 g Mandeln • 50 g Reissirup • 25 g Kokosfett • 20 g Zartbitterschokolade (70 % Kakao, milchfrei) • 60 g Traubenzucker • 1 EL Kakaopulver (Kochkakao) • 1 EL Sahne (laktosearm)

● Die Mandeln in einen Topf geben, 250 ml Wasser hinzufügen, aufkochen und 3 Min. kochen lassen. Abgießen und mit kaltem Wasser abspülen. Die Mandelkerne aus der Haut drücken und 20 Kerne zur Seite legen. Die übrigen mit einer Küchenmaschine fein mahlen. Den Reissirup zugeben und 1 Min. gründlich untermengen, sodass eine feste Marzipanmasse entsteht.

● Mit angefeuchteten Händen 20 pralinengroße Kugeln formen. Das Kokosfett mit der Schokolade im heißen Wasserbad schmelzen. Traubenzucker und Kakao mischen. Den Kakaozucker in die heiße Schokolade rühren. Sahne zugießen und mindestens 3 Min. im Wasserbad weiterrühren. Nicht kochen! Die Schokoladenglasur sollte dünnflüssig sein und glänzen.

● Die Marzipankugeln in die Schokoladenglasur tauchen und anschließend auf einen Teller setzen. Die blanchierten Mandelkerne auf die Pralinen legen.

Bei Histaminunverträglichkeit Auf die Schokoladenglasur sollten Sie verzichten, da Kakaoprodukte fast immer Probleme bereiten.

Knackig und kernig

Nuss-Mandel-Krokant

1. Stufe Karenz: geeignet/
2. Stufe Testphase: geeignet
Für 300 g • gelingt leicht
⊙ 20 Min.

50 g gehackte Haselnüsse • 50 g gehackte Walnüsse • 50 g gehackte Mandeln • 1 EL Sesam • 150 g Traubenzucker

● Haselnüsse, Walnüsse, Mandeln, Sesam und Traubenzucker in eine beschichtete Pfanne geben. Unter ständigem Rühren bei mäßiger Hitze den Zucker zum Schmelzen bringen. Nach 5–8 Min. karamellisiert der Traubenzucker.

● Die Nussmasse auf ein Stück Backpapier streichen und abkühlen lassen. Der kalte Krokant lässt sich gut in kleine Stücke brechen.

Bei Histaminunverträglichkeit
Hasel- und Walnüsse führen bei vielen zu Beschwerden. Sonnenblumenkerne und Kürbiskerne sind nie ein Problem.

Variante Probieren Sie diese Köstlichkeit auch mit anderen Nusssorten wie Macadamia-Nüssen, Kokosnussstückchen oder Cashew-Kernen.

Mild und nicht zu süß

Kokospralinen

1. Stufe Karenz: geeignet/
2. Stufe Testphase: geeignet
Für 350 g • gut vorzubereiten
⊙ 30 Min.

200 g Kokosmilch • 15 g Butter (oder milchfreie Margarine) • 40 g Traubenzucker • 80 g Kokosflocken

● Kokosmilch, Butter, Traubenzucker und 50 g Kokosflocken in einem kleinen Topf zum Kochen bringen. Unter ständigem Rühren 12–15 Min. köcheln lassen, bis eine breiige Kokosmasse entstanden ist.

● 20 g Kokosflocken unterrühren und vollständig abkühlen lassen. Zu mundgerechten Kugeln formen und in den restlichen Kokosraspeln wenden.

Bei Histaminunverträglichkeit
Die Kokosnuss gehört botanisch nicht zu den Nüssen und wird in der Regel problemlos vertragen. Genießen Sie also ganz unbeschwert diese köstlichen Pralinen.

Ein Traum, auch prima zum Verschenken

Schokoladenkaramellen

1. Stufe Karenz: geeignet/
2. Stufe Testphase: geeignet
Für 350 g • braucht etwas mehr Zeit
⊙ 45 Min. + 30 Min. Kühlzeit

130 g Zartbitterkuvertüre • 120 g Traubenzucker • 40 g Butter (oder milchfreie Margarine) • 130 g Sahne (laktosearm) • 30 g Reissirup • Pralinenrosetten

● Die Kuvertüre fein hacken und mit Traubenzucker, Butter, Sahne und Reissirup in einen großen Topf geben und aufkochen. Bei mittlerer Hitze unter ständigem Rühren etwa 10–13 Min. zu einer dickflüssigen Masse einkochen lassen.

● Um die richtige Konsistenz zu prüfen, 1 TL der Bonbonmasse auf einen Teller geben: Wird sie nach wenigen Sekunden fest, gibt aber auf Druck noch nach, ist sie fertig.

● Die Bonbonmasse in eine mit Frischhaltefolie ausgelegte Auflaufform gießen, erkalten lassen, in mundgerechte Würfel schneiden und in die kleinen Papierförmchen setzen.

Bei Histaminunverträglichkeit
Nicht geeignet.

Konfekt : Süßes

Konfekt : Süßes

Wunderbar altmodisch
Omas Karamellbonbons

1. Stufe Karenz: geeignet/
2. Stufe Testphase: geeignet
Für 15 – 20 Stück • preisgünstig
⏱ 20 Min.

20 g Butter (oder milchfreie Margarine) • 100 g Traubenzucker • 2 EL Sahne (laktosearm)

● Einen tiefen Teller mit wenig Butter einfetten. Die Butter in einer beschichteten Pfanne schmelzen und den Traubenzucker zugeben. Unter Rühren den Zucker aufkochen lassen und so lange weiterrühren, bis sich der Zucker vollständig gelöst hat und beginnt zu karamellisieren. Der flüssige Zucker sollte leicht gebräunt sein.

● Die Sahne vorsichtig zugießen und gründlich verrühren. Gründlich durchkochen, bis eine braune Masse entsteht. Die heiße, flüssige Karamellmasse auf den gefetteten Teller gießen und abkühlen lassen. Noch lauwarm in 15 – 20 mundgerechte Stücke schneiden.

Bei Histaminunverträglichkeit
Unbeschwert genießen.

◀ Haselnusspralinen

Köstlich und ein echter Hingucker
Haselnusspralinen

1. Stufe Karenz: geeignet/
2. Stufe Testphase: geeignet
Für 20 Pralinen • gelingt leicht
⏱ 15 Min + 1½ Stunden Kühlzeit

200 g Zartbitterkuvertüre • 100 g Sahne (laktosearm) • 2 EL Traubenzucker • 100 g gehackte Haselnusskerne • 1 EL Kakaopulver (Kochkakao)

● Die Kuvertüre fein hacken. Die Sahne zum Kochen bringen und die Kuvertüre unter Rühren darin auflösen. Traubenzucker und Haselnüsse zugeben. Die Masse etwa 1½ Stunden bei Zimmertemperatur erkalten lassen.

● Aus der Masse mit den Händen 20 Pralinenkugeln formen. Das Kakaopulver in einen tiefen Teller geben und die Kugeln darin wenden.

Bei Histaminunverträglichkeit
Nicht geeignet.

Etwas Besonderes
Kardamombällchen

1. Stufe Karenz: geeignet/
2. Stufe Testphase: geeignet
Für 20 Stück • braucht etwas Zeit
⏱ 1 Stunde + 8 Stunden Kühlzeit

4 Kardamomkapseln • 130 g Sahne (laktosearm) • 80 g Traubenzucker • 100 g Rundkornreis (Milchreis) • 1 Eigelb • 80 g gehackte Pistazien • Pralinenrosetten

● Die Kardamomkapseln in einem Mörser zerstoßen und die kleinen Samen fein zermahlen. In einem kleinen Topf bei geringer Hitze die Sahne und den Zucker erhitzen. Wenn die Masse kocht, den Reis und den Kardamom einrieseln lassen. Das Eigelb unter die Masse rühren, den Deckel auflegen, gelegentlich umrühren und 45 Min. ausquellen lassen.

● In einen tiefen Teller die Pistazien geben. Wenn die Masse nur noch handwarm ist, mit 2 Teelöffeln kleine Bällchen abstechen und gleichmäßig in den Pistazien rollen. Anschließend in Pralinenförmchen setzen und über Nacht auskühlen lassen.

Bei Histaminunverträglichkeit
Mit Bedacht genießen.

Backen

Ingwer bringt eine frische Note hinein
Schoko-Ingwer-Brownies

1. Stufe Karenz: geeignet/
2. Stufe Testphase: geeignet
Für 12 Stück • gut vorzubereiten
⊘ 30 Min. + 30 Min. Backzeit

85 g Stevia-Schokolade • 2 Eier • 200 g Joghurt (laktosearm) • 140 g Traubenzucker • 150 g Mehl • 50 g gemahlene Mandeln • 1 Päckchen Backpulver • 80 g Kakaopulver (Kochkakao) • 1 Msp. Zimt • 1 daumendickes Stück Ingwer • Butter für die Form

● Den Backofen auf 180 Grad (Umluft 160 Grad) vorheizen. Die Stevia-Schokolade klein hacken und beiseitestellen. Die Eier mit dem Handrührgerät schaumig schlagen. Den Joghurt und den Traubenzucker hinzufügen und kräftig verrühren, damit sich der Zucker gut auflöst.

● Mehl, Mandeln, Backpulver, Kakaopulver und Zimt einzeln unter die feuchten Zutaten rühren. Die gehackte Schokolade unterziehen.

● Den Ingwer schälen, auf einer groben Reibe reiben und unterrühren. Eine rechteckige Glasform mit Butter auspinseln und den Teig gleichmäßig darin verteilen. Die Brownies im vorgeheizten Backofen ca. 30 Min. backen.

Bei Histaminunverträglichkeit Leider nicht geeignet.

Schön saftig
Topfen-Beeren-Teilchen

1. Stufe Karenz: bedingt geeignet/
2. Stufe Testphase: geeignet
Für 8 Stück • preisgünstig
⊘ 20 Min. + 15 Min. Backzeit

1 Ei • 50 g Traubenzucker • 100 g Quark (laktosearm) • 100 g Winterliche Beerengrütze (S. 101) • 1 Paket tiefgekühlter Blätterteig • 1 Eigelb

● Den Backofen auf 180 Grad (Umluft 160 Grad) vorheizen. Das Ei trennen, das Eiweiß steif schlagen und den Traubenzucker einrieseln lassen. Den Quark mit dem Eigelb verrühren. Die Quarkmasse unter den Eischnee heben.

● Die Blätterteigplatten auf ein mit Backpapier ausgelegtes Backblech legen. Die Beerengrütze auf die Mitte der Teigplatten verteilen, dann den Quark darübergeben. Die kurzen Seiten der Blätterteigrechtecke über die Mitte hinaus über die Füllung legen und am Rand gut festdrücken, sodass eine Tasche entsteht, die in der Mitte noch leicht geöffnet ist.

● Die kleinen Topfen-Beeren-Teilchen im vorgeheizten Backofen 15 Min. auf der unteren Schiene backen.

Bei Histaminunverträglichkeit Die hier enthaltene kleine Menge Quark ist in der Regel problemlos verträglich.

Feine Füllung für Kuchen
Schokoladen-Karamell-Sahne

1. Stufe Karenz: bedingt geeignet/
2. Stufe Testphase: geeignet
Für 4 Personen • gelingt leicht
⏱ 15 Min.

200 g Sahne (laktosearm) • 1 EL Reissirup • 2 Tropfen Rum-Aroma • 50 g Zartbitterschokolade (mindestens 70 % Kakao, milchfrei)

● Die Sahne mit dem Reissirup und dem Rum-Aroma in einer Rührschüssel mischen und mit dem Handrührgerät steif schlagen.

● Die Schokolade mit einem großen Messer in feine Stückchen hacken und unter die Sahne heben.

Bei Histaminunverträglichkeit
Verzichten Sie auf die Schokolade, da diese häufig Beschwerden hervorruft.

Herrlich saftig
Bananenkuchen

1. Stufe Karenz: geeignet/
2. Stufe Testphase: geeignet
Für 1 Kuchen • gut vorzubereiten
⏱ 20 Min. + 50 Min. Backzeit

150 g Butter (oder milchfreie Margarine) • 80 g Traubenzucker • Mark von 1 Vanilleschote • ½ TL Lebkuchengewürz • 1 Msp. Nelkenpulver • 4 Eier • 4 Bananen • 250 g Mehl (Type 1050) • 2 TL Backpulver • 50 g gehackte Mandeln • 2 EL gehobelte Mandeln

● Butter, Traubenzucker, Vanillemark und Gewürze mit dem Handrührgerät schaumig rühren. Die Eier nacheinander dazugeben. 3 Bananen schälen, mit der Gabel zerdrücken und zügig unterrühren. Mehl, Backpulver und die gehackten Mandeln untermischen.

● Den Teig in eine gefettete und bemehlte Kastenform füllen. 1 Banane schälen, in Scheiben schneiden und auf den Kuchen legen. Mit den gehobelten Mandeln bestreuen. Den Kuchen bei 180 Grad (Umluft 160 Grad) auf der mittleren Schiene 50 Min. goldgelb backen.

Bei Histaminunverträglichkeit
Bananen bereiten häufig Beschwerden. Ggf. ist diese geringe Menge jedoch kein Problem. Am besten testen!

Mit frischen Aprikosen
Aprikosenwähe

1. Stufe Karenz: bedingt geeignet/
2. Stufe Testphase: geeignet
Für 1 Kuchen • gut vorzubereiten
⏱ 40 Min. + 40 Min. Backzeit

125 g Butter (oder milchfreie Margarine) • 250 g Mehl • 100 g Traubenzucker • 1 Prise Salz • 6 Aprikosen • 100 g gehackte Mandeln • 200 g Frischkäse (laktosearm) • 2 Eier • 1½ EL Speisestärke • 60 g Traubenzucker • ½ TL Zimt

● Den Backofen auf 190 Grad (Umluft 170 Grad) vorheizen. Die Butter schaumig rühren. Mehl, Traubenzucker und Salz unterkneten. Den Teig in eine Springform (Ø 26 cm) drücken und einen kleinen Rand formen. Mit der Gabel einstechen. Auf der mittleren Schiene 10 Min. vorbacken.

● Aprikosen waschen, halbieren, entsteinen und in dünne Scheiben schneiden. Mit den Mandeln vermengen, auf dem Boden gleichmäßig verteilen. Frischkäse, Eier, Stärke und Traubenzucker verrühren, ggf. mit etwas Milch verdünnen und über die Aprikosen gießen. Weitere 30 Min. backen.

Bei Histaminunverträglichkeit
Genießen Sie ohne Reue.

Immer beliebt
Waffeln

1. Stufe Karenz: geeignet/
2. Stufe Testphase: geeignet
Für 15 Stück • gelingt leicht
⏱ 20 Min.

250 g weiche Butter (oder milchfreie Margarine) •
125 g Traubenzucker • 1 TL Süßstoff (flüssig) • 5 Eier •
300 g Mehl • 1 TL Backpulver • 200 ml Milch (laktosearm)

● Butter und Traubenzucker mit dem Handrührgerät gründlich verrühren. Den Süßstoff dazugeben und die Eier einzeln nach und nach unterrühren. Mehl und Backpulver mischen und einarbeiten. Die Milch zugießen und alles zu einem geschmeidigen Teig verarbeiten.

● Das Waffeleisen vorheizen, aus je 2 EL Waffelteig knusprige Waffeln backen und mit Traubenzucker bestäuben.

Bei Histaminunverträglichkeit
Uneingeschränkt genießen.

Variante Sie mögen Karamell? Dann geben Sie doch 3 EL Reissirup zum Teig. Das bringt einen leichten Karamellgeschmack in die Waffeln. Falls es Ihnen zu süß wird, reduzieren Sie die Traubenzuckermenge einfach auf 100 g.

Ein Klassiker, ganz fein
Käsekuchen

1. Stufe Karenz: geeignet / 2. Stufe Testphase: geeignet
Für 1 Kuchen • gut vorzubereiten
⏱ 45 Min. + 1¼ Stunden Backzeit

Für den Teig:
- 250 g Mehl
- 90 g Traubenzucker
- Mark von 1 Vanilleschote
- 125 g Butter (oder milchfreie Margarine)
- 1 Ei

Für den Belag:
- 3 Eier
- 50 g Butter (oder milchfreie Margarine)
- 150 g Traubenzucker
- 5 Tropfen Zitronenöl
- 800 g Quark (laktosearm)
- 150 g Schmand (laktosearm)
- 2 Päckchen Vanillepuddingpulver

● Den Backofen auf 200 Grad (Umluft 180 Grad) vorheizen. Für den Teig Mehl, Traubenzucker, Vanillemark, Butter und das Ei mit dem Handrührgerät verkneten. Den Teig 5 Min. ruhen lassen.

● Anschließend den Teig in eine Springform (Ø 26 cm) füllen, kräftig andrücken und dabei einen dünnen Rand formen. Den Teigboden mit einer Gabel mehrfach einstechen und auf der mittleren Schiene 12 Min. goldgelb vorbacken.

● Für den Belag die Eier trennen. Die Eiweiße mit dem Handrührgerät steif schlagen, beiseitestellen. Butter, Traubenzucker und Zitronenöl in einer zweiten Schüssel schaumig rühren. Die Eigelbe unterziehen, dann Quark und Schmand unter die Masse rühren. Das Vanillepuddingpulver darübersieben und unterziehen.

● Die Masse auf dem vorgebackenen Boden glatt streichen. Die Torte im Backofen 1 Stunde bei 165 Grad (Umluft 150 Grad) backen und 15 Min. im ausgeschalteten Ofen stehen lassen.

● Den Käsekuchen anschließend aus dem Backofen nehmen und nach 30 Min. aus der Form lösen. Auf einem Kuchengitter abkühlen lassen.

Bei Histaminunverträglichkeit Hin und wieder führt Quark zu Beschwerden. Probieren Sie einfach mal aus, ob er Ihnen Probleme bereitet.

Tipp Ab der Testphase eignet sich dieser Kuchen ganz besonders gut dafür, die Obstsorten aus der mittleren Spalte unseres 3-Stufen-Plans (S. 28) wieder in den Kostplan einzubauen. Beispielsweise verleihen 300 g Blaubeeren, unter die Quarkmasse gerührt, dem Kuchen dann den besonderen Pfiff.

Passt wunderbar in die Vorweihnachtszeit
Linzer Torte

1. Stufe Karenz: bedingt geeignet/
2. Stufe Testphase: geeignet
Für 1 Kuchen • gut vorzubereiten
⏱ 45 Min. + 50 Min. Backzeit

100 g blanchierte, gemahlene Mandeln • 150 g Butter (oder milchfreie Margarine) • 50 g Traubenzucker • 150 g Mehl (Type 1050) • 3 Eigelbe • 1 TL abgeriebene Zitronenschale • 1 Msp. Zimtpulver • 1 Msp. Nelkenpulver • 1 Msp. Lebkuchengewürz • 200 g Himbeerkonfitüre

● Die Mandeln, Butter, Traubenzucker, Mehl und 2 Eigelbe mit dem Handrührgerät zu einem glatten Teig verkneten. Zitronenschale und Gewürze hinzufügen, einarbeiten und den Teig zu einem platten Fladen drücken. Den Teig 1 Stunde kühl stellen.

● ⅔ des Teiges ausrollen, in eine gefettete Springform (Ø 26 cm) geben und einen daumenhohen Rand formen. Die Himbeerkonfitüre auf den Boden streichen, restlichen Teig dünn ausrollen, Streifen ausschneiden oder ausradeln und gitterartig auf dem Kuchen verteilen.

● Mit dem letzten Eigelb die Teigstreifen bestreichen. Die Linzer Torte im nicht vorgeheizten Backofen bei 190 Grad (Umluft 170 Grad) 50 Min. backen.

Bei Histaminunverträglichkeit Gut verträglich.

Mit Traubenzucker problemlos verträglich
Butter-Zucker-Kuchen

1. Stufe Karenz: geeignet/
2. Stufe Testphase: geeignet
Für 1 Blech • preisgünstig
⏱ 1½ Stunden + 20 Min. Backzeit

Für den Teig:
375 g Mehl • 1 Würfel Hefe • 1 Prise Salz • 100 ml Reissirup • 60 g Traubenzucker • 2 Eier • 300 ml lauwarme Milch (laktosearm)

Für den Belag:
100 g Butter (oder milchfreie Margarine) • 200 g Mandelstifte • 120 g Traubenzucker

● Für den Teig das Mehl in eine Schüssel geben. Die Hefe zerbröckeln. Hefe, Salz, Reissirup, Traubenzucker und die Eier hinzugeben und mit der Milch verrühren (der Teig bleibt recht klebrig). Anschließend den Teig an einem warmen Ort rund 30 Min. gehen lassen.

● Den Backofen auf 190 Grad (Umluft 170 Grad) vorheizen. Ein Backblech mit Margarine einfetten und mit etwas Mehl bemehlen. Wenn der Teig wollknäuelartig aussieht, nochmals durchkneten und 5 Min. ruhen lassen.

● Den Teig auf das Backblech geben, mit angefeuchteten Händen bis in die Ecken des Backblechs schieben und erneut 30 Min. gehen lassen. Die Butter in Flöckchen gleichmäßig auf den Teig geben, Mandelstifte darüberstreuen und mit Traubenzucker bestäuben. Den Butter-Zucker-Kuchen auf der mittleren Schiene 20 Min. goldgelb backen.

Bei Histaminunverträglichkeit Beschwerdefrei genießen.

▶ Linzer Torte

Leckere Kuchen : Backen 119

Backen : Mohnkuchen

Hält sich problemlos ein paar Tage
Mohnkuchen

1. Stufe Karenz: geeignet / 2. Stufe Testphase: geeignet
Für 1 Kuchen • gut vorzubereiten
⏲ 40 Min. + 30 Min. Backzeit

Für den Belag:
- 250 g gemahlener Mohn
- 550 ml Milch (laktosearm)
- 50 g feiner Grieß
- 150 g Traubenzucker
- 4 TL Zitronenschalenaroma (z. B. von Vitam)
- 2 Eier
- Butter und Mehl für die Form

Für den Teig:
- 200 g Quark (laktosearm)
- 6 EL Sonnenblumenöl
- 80 g Traubenzucker
- 250 g Mehl
- 2½ TL Backpulver

● Mohn mit Milch, Grieß und Traubenzucker aufkochen. Unter gelegentlichem Rühren rund 15 Min. auf der ausgeschalteten Kochstelle ausquellen lassen. Etwas abkühlen lassen, dann das Zitronenaroma untermischen.

● Die Eier trennen, das Eiweiß steif schlagen und beiseitestellen. Eigelb unter die abgekühlte Mohnmasse rühren. Anschließend das Eiweiß vorsichtig unterheben. Den Backofen auf 175 Grad (Umluft 160 Grad) vorheizen. Eine Springform (Ø 26 cm) einfetten und etwas bemehlen.

● Für den Teig Quark, Öl und Traubenzucker mit dem Handrührgerät verrühren. Das Mehl zusammen mit dem Backpulver darübersieben und verkneten.

● Den Teig in der Springform verteilen und dabei einen schmalen, gleichmäßig dünnen Rand formen. Den Boden mit der Gabel mehrfach einstechen. Die Mohnmasse auf dem Boden und auf der mittleren Schiene rund 30 Min. backen.

Bei Histaminunverträglichkeit Hin und wieder führt Quark zu Beschwerden – probieren Sie einfach mal aus, ob er Ihnen Probleme bereitet.

Tipp Das hier verwendete Zitronenschalenaroma von Vitam ist ein Zitronenöl, das vermischt ist mit Maltodextrin, einem Glukosemehrfachzucker. Daher kann es ohne Probleme auch in größeren Mengen verwendet werden. Im Handel gibt es auch geriebene Zitronenschale von Dr. Oetker, die mit Traubenzucker haltbar gemacht wurde (Finesse, geriebene Zitronenschale).

Eine schöne, herbstliche Tarte
Walnuss-Tarte

1. Stufe Karenz: geeignet / 2. Stufe Testphase: geeignet
Für 1 Tarte • gut vorzubereiten
⏲ 45 Min. + 1 Stunde Backzeit

Für die Füllung:
- 400 g Walnusskerne
- 300 g Traubenzucker
- 125 g Sahne (laktosearm)
- 1 TL gemahlener Zimt

Für den Teig:
- 350 g Mehl
- 200 g Butter (oder milchfreie Margarine)
- 150 g Traubenzucker
- 1 Prise Salz
- 1 Ei

Außerdem:
- 1 Eigelb
- 1 EL Sahne (laktosearm)

● Für die Füllung die Walnusskerne hacken. Den Zucker vorsichtig in einem Topf hellgelb schmelzen lassen. Die Walnusskerne unterrühren, dann den Topf vom Herd nehmen. Sahne und Zimt unterrühren und anschließend die Masse abkühlen lassen.

● Für den Teig Mehl, Butter, Traubenzucker, Salz und das Ei zu einem glatten Teig verkneten. Den Teig in Folie gewickelt 30 Min. kalt stellen.

● Anschließend den Teig dritteln. Eine Portion ausrollen und den Boden einer Springform (Ø 26 cm) damit auslegen. Die zweite Portion Teig zu einer Rolle formen, ausrollen und als Rand in die Form drücken. Die Nussmischung auf den Boden streichen. Aus der letzten Teigportion einen Deckel formen, auf den Boden legen und die Ränder gut andrücken.

● Den Backofen auf 140 Grad (Umluft 125 Grad) vorheizen. Teigreste ausrollen, Motive zur Dekoration ausstechen und auf den Teig legen. Eigelb und Sahne verquirlen und den Kuchen damit bestreichen. Die Walnuss-Tarte 60 Min. backen, nach 30 Min. mit Alufolie bedecken, damit der Kuchen nicht zu braun wird.

Bei Histaminunverträglichkeit Nicht geeignet.

Tipp Zu Weihnachten können Sie die Walnuss-Tarte entsprechend dekorieren und z. B. Sterne unterschiedlicher Größe ausstechen und auf den Teigdeckel legen. Im Herbst schneiden Sie Blätter aus den Teigresten.

Backen : Grundrezepte

Prima für Tortenböden und Kekse
Mürbeteig

**1. Stufe Karenz: geeignet /
2. Stufe Testphase: geeignet**
Zutaten für 1 Kuchen • gelingt leicht
⏲ 20 Min. + 20 Min. Backzeit

300 g Mehl • 200 g Butter (oder milchfreie Margarine) • 140 g Traubenzucker • Salz • 1 Ei • 1 gestr. TL Backpulver • 2 Tropfen Vanillebackaroma

● Alle Zutaten in eine Rührschüssel füllen und auf einmal mit dem Handrührgerät oder der Küchenmaschine verkneten. Den Teig anschließend zu einem flachen Fladen formen und in Folie gewickelt etwa 30 Min. im Kühlschrank durchkühlen lassen.

● Den Backofen auf 200 Grad (Umluft 180 Grad) vorheizen. Den Mürbeteig in eine Springform füllen, auf einem Blech ausrollen oder zu Keksen weiterverarbeiten. Im vorgeheizten Backofen 20 Min. goldgelb backen.

Bei Histaminunverträglichkeit Problemlos verträglich.

Tipp Teig, bei dem Sie anstatt normalem Zucker Traubenzucker verwenden, bräunt schneller, daher verringern Sie die Temperatur und lassen Kuchen oder Gebäck etwas länger backen. Beim ersten Versuch bleiben Sie am besten in der Nähe des Backofens!

Schön saftig
Rührteig

**1. Stufe Karenz: geeignet /
2. Stufe Testphase: geeignet**
Für 1 Kuchen • gelingt leicht
⏲ 20 Min. + 1 Stunde Backzeit

250 g Butter (oder milchfreie Margarine) • 4 Eier • 4 Tropfen Zitronenöl • 240 g Traubenzucker • 450 g Mehl • 1 Päckchen Backpulver • 1 Prise Salz • 125 – 150 ml Milch (laktosearm) oder Sojadrink

● Den Backofen auf 160 Grad (Umluft 145 Grad) vorheizen. Butter mit den Eiern und dem Zitronenöl mit dem Handrührgerät schaumig rühren. Den Traubenzucker einrieseln lassen und alles gut miteinander verrühren, bis sich der Zucker aufgelöst hat.

● Zum Schluss das Mehl und das Backpulver über die Masse sieben und alle Zutaten sowie die Milch zu einem geschmeidigen Teig verrühren. Den Kuchen im vorgeheizten Backofen 65 Min. backen.

Bei Histaminunverträglichkeit Problemlos verträglich.

Tipp Dieser Rührteig lässt sich als Grundrezept für Kuchen, Tortenböden oder Blechkuchen mit verschiedenen Zutaten wie gehobelte Mandeln, Kakaopulver oder Kokosflocken in der 1. Stufe unseres 3-Stufen-Plans (S. 28) verarbeiten. In der 2. Stufe können Sie ihn z. B. nach dem Backen mit verträglichen Obstsorten belegen und mit laktosearmer Sahne zu einer Torte gestalten.

Grundrezepte : Backen

Luftig, locker, leicht
Hefeteig

◂ Mehl in eine Rührschüssel füllen und eine Mulde formen. Hefe zerbröckeln, mit Zucker und lauwarmer Flüssigkeit hinzugeben.

◂ Rühren, bis die Hefe sich auflöst. Zerlassenes, zimmerwarmes Fett und Salz an den Rand geben.

◂ Teig kräftig durchkneten, dann zu einer Kugel formen und die Schüssel mit einem feuchten Tuch abdecken.

◂ Hefeteig mag keine Zugluft. Deshalb den Teig geschützt an einem warmen Ort gehen lassen, bis er sein Volumen verdoppelt hat.

1. Stufe Karenz: geeignet/
2. Stufe Testphase: geeignet
Für 1 Blech • gelingt leicht
⊘ 40 Min. + 15 Min. Backzeit

125 g Butter (oder milchfreie Margarine) • 375 g Mehl •
1 Würfel Hefe • 80 g Traubenzucker • 175 g ungesüßter
Sojadrink oder Milch (laktosearm, 3,8 %) • 1 Msp. Salz

● Den Backofen 5 Min. auf 50 Grad vorheizen. Das Mehl in eine Rührschüssel geben und eine Mulde formen. Die Hefe hineinbröseln und mit dem Traubenzucker bedecken. Sojadrink bzw. laktosearme Milch und Butter handwarm erwärmen und hinzufügen.

● Mit den Knethaken des Handrührgerätes alle Zutaten verkneten. Den Backofen ausschalten, den abgedeckten Teig etwa 20 Min. im Backofen gehen lassen, bis er sein Volumen verdoppelt hat. Danach kurz durchkneten. Ein Backblech einfetten und mit etwas Mehl bestäuben. Den Teig auf dem Blech ausrollen und nochmals sichtbar aufgehen lassen.

● Den Ofen auf 200 Grad (Umluft 180 Grad) vorheizen, den Teig nach Geschmack belegen und 15 Min. backen. Brötchen bei 175 Grad (Umluft) 15 – 18 Min. backen, bis sie goldgelb sind.

Bei Histaminunverträglichkeit Problemlos verträglich.

Tipp Dieser Teig lässt sich als Blechkuchen verarbeiten, ist aber auch prima für Sonntagsbrötchen geeignet.

Nicht nur zu Weihnachten ein Traum
Vanille-Butter-Plätzchen

1. Stufe Karenz: geeignet/
2. Stufe Testphase: geeignet
Für 30 Stück • preisgünstig
⏱ 20 Min. + 12 Min. Backzeit

125 g Butter (oder milchfreie Margarine) • 75 g Traubenzucker • ½ TL Buttervanillebacköl • 1 Prise Salz • 150 g Mehl • ½ TL Backpulver

● Den Backofen auf 180 Grad (Umluft 160 Grad) vorheizen. Butter und Traubenzucker mit 2 EL Wasser und dem Buttervanillebacköl gründlich verrühren. Salz, Mehl und Backpulver zugeben und alles mit dem Handrührgerät zu einem glatten Teig verarbeiten.

● Aus dem Teig 30 kleine Kugeln formen, auf ein mit Backpapier ausgelegtes Blech setzen und auf mittlerer Schiene 10 – 12 Min. goldgelb backen.

Bei Histaminunverträglichkeit
Problemlos verträglich.

Kinderleicht zuzubereiten
Kokosplätzchen

1. Stufe Karenz: geeignet/
2. Stufe Testphase: geeignet
Für 40 Stück • gelingt leicht
⏱ 15 Min. + 12 Min. Backzeit

50 g weiche Butter (oder milchfreie Margarine) • 2 Eier • 100 g Reissirup • 80 g Traubenzucker • 200 g Mehl • 1 TL Backpulver • 100 g Kokosflocken

● Den Backofen auf 180 Grad (Umluft 160 Grad) vorheizen. Butter, Eier, Reissirup und Traubenzucker mit dem Handrührgerät schaumig rühren. Mehl, Backpulver und Kokosflocken unterkneten.

● Mit 2 Teelöffeln kleine Teignockerln auf ein mit Backpapier ausgelegtes Blech setzen. Die Kokosplätzchen etwa 12 Min. auf mittlerer Schiene backen, bis die Kekse goldgelb sind.

Bei Histaminunverträglichkeit
Beschwerdefrei genießen.

Variante Wer mag, taucht die Kekse noch in eine Schokoladenglasur (S. 107). Und wenn Sie nicht gleichzeitig unter einer Histaminintoleranz leiden, können Sie die Kokosflocken auch durch gemahlene Haselnüsse ersetzen.

Schnell gemacht
Zimtplätzchen

1. Stufe Karenz: geeignet/
2. Stufe Testphase: geeignet
Für 40 Stück • gelingt leicht
⏱ 25 Min. + 12 Min. Backzeit

50 g Butter (oder milchfreie Margarine) • 90 g Traubenzucker • 4 EL Milch (laktosearm) • 120 g Mehl • 1 Prise Salz • ½ TL Zimt

● Butter und Traubenzucker mit dem Handrührgerät schaumig schlagen. Die Milch unterrühren. Das Mehl mit Salz und Zimt mischen und zum Teig geben. Mit dem Handrührgerät zu einem festen Teig verarbeiten.

● Den Teig auf einer bemehlten Arbeitsfläche dünn ausrollen und mit Ausstechformen Plätzchen ausstechen. Die Plätzchen mit einem Messer lösen und auf ein mit Backpapier ausgelegtes Blech legen, bei 180 Grad (Umluft 160 Grad) auf der mittleren Schiene 12 Min. backen.

Bei Histaminunverträglichkeit
Bedenkenlos genießen.

Prima zum Verschenken
Weihnachts-Cantuccini

**1. Stufe Karenz: geeignet/
2. Stufe Testphase: geeignet**
Für 80 Stück • gut vorzubereiten
⏲ 1½ Stunden + 30 Min. Backzeit

260 g Mehl • 1 TL Backpulver • 250 g Traubenzucker • 1½ TL Lebkuchengewürz • 1 Prise Salz • 40 g Marzipanrohmasse (sorbitfrei) • 40 g weiche Butter (oder milchfreie Margarine) • 3 Eier • 180 g Mandeln

● Mehl, Backpulver, Traubenzucker, Lebkuchengewürz und Salz mischen. Gewürfelte Marzipanmasse, Butter und Eier zugeben. Mit dem Handrührgerät verrühren. Die Mandeln unterkneten.

● Den Teig in 4 Stücke teilen und zu 30 cm langen Rollen formen. 1 Stunde kalt stellen. Die Rollen im Abstand von 8 cm auf ein mit Backpapier ausgelegtes Backblech legen und im vorgeheizten Ofen bei 170 Grad (Umluft 150 Grad) 15 Min. backen. Abkühlen lassen und schräg in 1 cm dicke Scheiben schneiden. Mit der Schnittflächenseite zurück aufs Blech legen und weitere 13 Min. bei 150 Grad backen.

Bei Histaminunverträglichkeit
Gut geeignet.

Backen : Brötchen, Brot

Lassen sich prima einfrieren
Friesische Quarkbrötchen

1. Stufe Karenz: geeignet/
2. Stufe Testphase: geeignet
Für 20 Brötchen • gut vorzubereiten
⏱ 30 Min. + 25 – 30 Min. Backzeit

500 g Mehl • 1 Päckchen Backpulver • 1 TL Salz •
50 g Traubenzucker • 250 g Quark (laktosearm) • 1 Ei •
75 ml Milch (laktosearm) • 100 ml Sonnenblumenöl

● Den Backofen auf 175 Grad (Ober-/Unterhitze) vorheizen. Mehl mit dem Backpulver vermischen, Salz und Traubenzucker zugeben. Quark, Ei, Milch und Öl hinzufügen und mit dem Handrührgerät verkneten, bis ein elastischer Teig entsteht.

● Den Teig auf einer bemehlten Fläche zu einer Rolle formen, in 20 gleich große Stücke teilen und zu runden Brötchen formen. Die Brötchen auf ein mit Backpapier ausgelegtes Backblech setzen und mit etwas laktosearmer Milch bestreichen. Im vorgeheizten Backofen 25 – 30 Min. goldbraun backen.

Bei Histaminunverträglichkeit Hin und wieder führt laktosearmer Quark bei Histaminunverträglichkeit zu Beschwerden. Probieren Sie einfach mal aus, ob Ihnen diese Menge Quark Probleme bereitet.

Tipp Der Teig lässt sich sehr gut formen, sodass auch dünne Teigstränge zu Knoten oder Schnecken geformt werden können.

Ruckzuck fertig
Schnelles Dinkelbrot

1. Stufe Karenz: geeignet/
2. Stufe Testphase: geeignet
Für 1 Brot • gelingt leicht
⏱ 10 Min. + 50 Min. Backzeit

650 g Dinkelvollkornmehl • 1 EL Salz • 1 Würfel frische Hefe

● Das Mehl mit dem Salz in einer Schüssel mischen. Die Hefe zerbröseln und auf dem Mehl verteilen. Mit dem Handrührgerät 500 ml handwarmes Wasser langsam einarbeiten, sodass ein kompakter Brotteig entsteht.

● Den Teig in eine gefettete Kastenform füllen und im nicht vorgeheizten Backofen bei 200 Grad (Umluft 180 Grad) auf der mittleren Schiene etwa 50 Min. backen.

Bei Histaminunverträglichkeit Immer geeignet.

Variante Lust auf etwas Kerniges? Dann geben Sie zusätzlich 100 g Sonnenblumenkerne, Sesam, Mohn oder Leinsamen hinzu. Die Flüssigkeitsmenge erhöht sich dann um 100 ml.

❱❱ Friesische Quarkbrötchen

Hält sich lange frisch
Kartoffelbrot

1. Stufe Karenz: geeignet / 2. Stufe Testphase: geeignet
Für 1 Brot • gelingt leicht
⏱ 1 Stunde + 40–50 Min. Backzeit

- 300 g gekochte Kartoffeln
- 700 g Mehl (Type 1050)
- 1½ Würfel frische Hefe
- 3 EL Traubenzucker
- 300 ml Wasser
- 2 TL Salz
- ½ TL gemahlener Koriander
- ½ TL gemahlener Kümmel
- 1 Msp. weißer Pfeffer
- 1 Ei

● Den Backofen 5 Min. auf 50 Grad vorheizen, anschließend ausstellen. In einer Rührschüssel die Kartoffeln mit der Gabel zerdrücken oder durch die Kartoffelpresse drücken. Das Mehl, die zerbröselte Hefe, den Traubenzucker und 300 ml Wasser hinzufügen und alles verkneten.

● Salz, Koriander, Kümmel und Pfeffer hinzufügen und unterkneten. Den Brotteig mit einem feuchten Küchentuch abdecken, in den ausgeschalteten Backofen stellen und etwa 30–45 Min. gehen lassen – anschließend durchkneten.

● Eine Kastenform (30 cm) fetten und mit Mehl bestäuben. Den Teig einfüllen und so lange gehen lassen, bis sich sein Volumen verdoppelt hat. Das Ei in einer Tasse verquirlen und den Teig damit bestreichen.

● Den Backofen auf 190 Grad vorheizen. Das Kartoffelbrot bei Ober-Unterhitze auf der untersten Schiene 40–50 Min. backen.

Bei Histaminunverträglichkeit Es liegt eine Stellungnahme der deutschen Hefewerke vor, deren umfangreiche Untersuchungen das Nichtvorhandensein von Histamin und anderen biogenen Aminen in heutiger Backhefe bestätigt. Wenn Brote Probleme bereiten, liegt es meist am groben Schrot, auf das in diesem Rezept genau deshalb auch verzichtet wurde. Auch reine grobe Roggensauerteigbrote werden häufig nicht gut vertragen.

Tipp Koriander und Kümmel sind typische Brotgewürze. Kümmel ist auch ein wertvolles Arzneimittel, das sich bei Verdauungsstörungen bewährt hat. Sie können die Kümmelsamen nach dem Essen kauen oder z. B. in heißem Wasser aufbrühen und dann trinken.

Schnell und unkompliziert
Feines Quarkbrot

1. Stufe Karenz: geeignet/2. Stufe Testphase: geeignet
Für 1 Brot • preisgünstig
⏱ 15 Min. + 50 Min. Backzeit

- 500 g Mehl
- 2 Päckchen Backpulver
- 2 TL Salz
- 3 Eier
- 500 g Quark (laktosearm)
- 100 g blütenzarte Haferflocken

● Mehl, Backpulver und Salz in einer Schüssel mischen. Eier und Quark dazugeben. Mit dem Handrührgerät alles gut miteinander verkneten, sodass ein weicher Teig entsteht. Zum Schluss die Haferflocken gründlich unterkneten.

● Den Brotteig auf einer mit Mehl bestäubten Arbeitsfläche zu einem glatten, länglichen Laib formen und der Länge nach einschneiden.

● Im Backofen bei 200 Grad (Umluft 180 Grad) auf der mittleren Schiene etwa 50 Min. goldbraun backen. Anschließend auf einem Rost auskühlen lassen.

Bei Histaminunverträglichkeit Hin und wieder führt laktosearmer Quark bei gleichzeitiger Histaminunverträglichkeit zu Beschwerden. Probieren Sie einfach mal aus, ob Ihnen diese Menge Quark Probleme bereitet.

Tipp Dieses Brot wird ohne Hefe und Sauerteig, nur mit Backpulver zubereitet. Es lässt sich daher schnell und unkompliziert verarbeiten.

Für jeden Anlass
Das schmeckt auch meinen Gästen

Klassisch

Sie haben Gäste und möchten ein klassisches Menü servieren. Hier eine schöne Auswahl:

- S. 76   Lachs-Blätterteig-Körbchen
- S. 90   Kräuterlammrücken mit Bohnenpäckchen
- S. 104 Schokoladen-Sahne-Eis

Brunch

Wunderbar, seine Freundinnen für einen ausgedehnten Brunch einzuladen! Diese Köstlichkeiten lassen sich prima vorbereiten:

- S. 52   Himbeer-Trinkjoghurt
- S. 70   Käsequiche vom Blech
- S. 49   Käsespieße mit Zucchini-Bacon
- S. 56   Zucchinisalat mit Pinienkernen
- S. 59   Dip mit Gemüsesticks
- S. 50   Angemachter Camembert

Kindergeburtstag

Gerade der Süßhunger von Kindern sollte auch in der 1. Stufe der Ernährungsumstellung nicht zu kurz kommen. Hier finden Sie die Rezepte, die wir Ihnen in der ersten Umstellung empfehlen, ohne dadurch die Zuckerbilanz zu sehr zu belasten. Und das Beste: Es schmeckt allen kleinen und großen Gästen!

- S. 115 Waffeln
- S. 52   Kakaogetränk
- S. 67   Blitz-Pizza mit Parmaschinken
- S. 111 Karamellbonbons

Lockere Einladung

Für gute Freunde zu kochen ist einfach nur schön. Besonders schön ist es, wenn das Kochen nicht zu viel Arbeit macht und noch genug Zeit zum Quatschen bleibt.

- S. 83   Schneller Filettopf
- S. 94   Möhren in Petersilienbutter
- S. 93   Rosmarinkartoffeln
- S. 104 Blitz-Himbeereis

Partybüfett

Hier ein abwechslungsreiches Büfett, von dem Sie das meiste schon am Vortag zubereiten können:

- S. 70   Käsequiche vom Blech
- S. 59   Dip mit Gemüsesticks
- S. 87   Maki mit Avocado und Lachs
- S. 89   Roastbeef
- S. 56   Zucchinisalat mit Pinienkernen
- S. 63   Überraschungs-Bruschetta
- S. 76   Lachs-Blätterteig-Körbchen
- S. 73   Thailändische Kokosmilchsuppe
- S. 66   Knusprig-pikante Macadamias
- S. 67   Erfrischende Melonenbowle
- S. 101 Winterliche Beerengrütze
- S. 113 Schoko-Ingwer-Brownies

Frühlingsmenü

Etwas Leichtes im Frühling:

- S. 56   Feldsalat mit Puten-Parmaschinken-Röllchen
- S. 83   Orangenhähnchen
- S. 94   Fernöstlicher Nussreis
- S. 103 Beerensorbet

Fingerfood

Folgendes eignet sich sehr gut, um es seinen Gästen als Fingerfood anzubieten:

S. 87 Maki mit Avocado und Lachs
S. 49 Käsespieße mit Zucchini-Bacon
S. 76 Lachs-Blätterteig-Körbchen
S. 65 Fenchel-Mozzarella-Toast

Kaffeebesuch

Leckere Kuchen und süße Sachen für einen ausgedehnten Kaffeeklatsch. Und dazu allesamt sehr gut verträglich sind:

S. 118 Butter-Zucker-Kuchen
S. 118 Linzer Torte
S. 124 Vanille-Butter-Plätzchen
S. 115 Waffeln

Picknick

Für Kinder gibt es kaum etwas Schöneres, als unterwegs eine Rast einzulegen. An der frischen Luft schmeckt es allen besonders gut.

S. 126 Friesische Quarkbrötchen
S. 49 Kartoffel-Möhren-Streich
S. 50 Angemachter Camembert
S. 46 Aprikosenstreich
S. 59 Dip mit Gemüsesticks
S. 70 Käsequiche vom Blech
S. 114 Bananenkuchen

Weihnachtsmenü

An Weihnachten soll es etwas Besonderes geben. Gleichzeitig wollen wir nicht den ganzen Tag am Herd stehen. Dieses Menü können Sie größtenteils schon am Vortag zubereiten.

S. 76 Lachsterrine
S. 88 Maronensuppe
S. 89 Roastbeef
S. 93 Kartoffel-Mandel-Plätzchen
S. 101 Winterliche Beerengrütze

Stichwortverzeichnis

A
Acesulfam K 23
Agavendicksaft 21
Ahornsirup 21
Anamnese 33
Apfeldicksaft 21
Aspartam 23
Atemtest 33

B
Ballaststoffe 32
Bauchschmerzen 11
biogene Amine 13
Biopsie 33
Birnendicksaft 21
Blähungen 11
Blumenkohl, Blumenkohlsuppe 55
Bluttest 11
Blutuntersuchung 33

C
Cyclamat 23

D
Darmbakterien 12
Darmspiegelung 33
Diabetikersüße 21
Dickdarm 12
Dinkelsirup 20
Dünndarm 10
– Transportmechanimus 10
Dünndarmerkrankung 12
Dünndarmspiegelung 33
Durchfall 11

E
Einfachzucker 17
Einmachzucker 20
Eliminationsdiät 11
Enzyme 10
Enzyme, laktosespaltende 34
Enzymmangel 12
Ernährungsprotokoll 32
Ernährungstherapie 32
Ernährungsumstellung 26
Essen außer Haus 37

F
Fettsäuren, kurzkettige 12
Feuchthaltemittel 13, 19
Flüssigkeitszufuhr 32
Frischkornbrei 32
Fruktose-Glukose-Verhältnis 18
Fruktosebelastung 12
Fruktoseintoleranz, hereditäre 12
Fruktosemalabsorption 12

G
Galaktose 16
Gelierzucker 20
Geschmacksverstärker 14
Glukose 16
GLUT-5-Transporter 12
Glutamat 14

H
H_2-Atemtest 11
Haferflocken, Beerenfrühstück 43
Hartkäse 24
Haushaltszucker 17
Hauttest 33
Hirse, Hirse-Auflauf 70
Histaminintoleranz 13
Histaminunverträglichkeit 13
Honig 21
Hülsenfrüchte 32

I
Inulin 22
Invertzucker 21
Isomaltit 13

K
Kakaogetränk 52
Kaliumsorbat 35
Kalzium 17
Kalziumsorbat 35
Kantine 37
Karenzphase 26
Kaugummi, zuckerfrei 15
Kennzeichnungsverordnung 17
Kohl 32
Kristallzucker 20

L
Lachs, Lachsterrine 76
Laktase 11
Laktasepräparate 25
Laktat 34
Laktit 13
Laktosegehalt
– Butter 16
– Schnittkäse 16
Laktoseintoleranz 11
Langzeiternährung 27

Light-Limonade 25

M
Magenschmerzen 11
Magermilchpulver 16
Maltit 13
Maltose 20
Malz 20
Malzzucker 20
Mannit 13
Medikamente, laktosehaltige 34
Melasse 21
Milchalternativen 17
Milchprodukte, laktosearme 24
Milchsäure 34
Milchzuckerunverträglichkeit 11
Mittagspause 37
Molkenpulver 16
Molkereierzeugnisse 16
Monosaccharid 17
Müsli 32

N
Natriumglutamat 14
Neohesperidin DC 23
Neotam 23

O
Oligofruktose 22

P
pseudoallergische Reaktion 13

R
Raffinade 20
Reissirup 20
Roggenbrot 13
Rohrohrzucker 20
Rohrzucker 20
Rohzucker 20

S
Saccharin 23
Saccharose 17
Sauermilchprodukte 16
Schrotbrot 13
Sellingk 33
Sirup 21
Sorbat 35
Sorbitol 19
Sorbitunverträglichkeit 12
– isolierte 13

Speisebrei 10
Stevia 23
3-Stufen-Plan 26
Stuhluntersuchung 33
Sucralose 23
Süßigkeiten
– kalorienreduziert 22
– zahnfreundliche 22
– zuckerfreie 22
Süßstoffe 22
– Süßkraft 22
Süßwaren, zuckerfrei 13
Symptomprotokoll 13, 33

T
Testphase 26
Thaumatin 23
tiefgekühlte Gemüsesorten 25
Transporthelfer 18
Transportsystem 12
Traubenzucker
– backen 35
– Backzeit 35
Trockenmilch 16

U
Ultraschall 33

V
Verstopfung 11, 32
Verweildauer im Magen
– Eiweiß 14
– Fett 14
Vitamin B_2 17
Vitamin C 18
Vitaminmangel 18
Vollkornprodukte 32
Vollrohrzucker 20

W
Weißzucker 20
Wellnessgetränke 17

Z
Zahnpasta 19
Zuckeralkohole 12
Zuckeraustauschstoff 18
Zuckeraustauschstoffe 12, 19
– Süßkraft 19
Zweifachzucker 16
Zwiebeln 32
Zuckerverwertungsstörung 10

Rezeptverzeichnis

A
Angemachter Camembert 50
Aprikosenstreich 46
Aprikosenwähe 114
Arme Ritter, herzhafte 49
Avocado, Maki mit Avocado und Lachs 87

B
Banane
- Frühstücks-Smoothie 53
- Bananenkuchen 114
Baskischer Reiseintopf 74
Beeren
- Topfen-Beeren-Teilchen 113
- Kernlose Rote Grütze 101
- Winterliche Beerengrütze 101
- Beerenfrühstück 43
- Beerensorbet 103
Biskuitomelett, süßes 107
Blattsalat, gemischter 8
Blaubeeren
- Beerenfrühstück 43
- Blaubeerpfannkuchen 50
Blitz-Himbeereis 104
Blitz-Pizza mit Parmaschinken 67
Blumenkohlsuppe 55
Bohnen, Kräuterlammrücken mit Bohnenpäckchen 90
Brokkoli
- Hähnchen in Brokkoli-Mandel-Sauce 80
- Zucchinisalat mit Pinienkernen 56
- Brokkoli-Creme-Suppe 59
Bunter Couscous 61
Butter
- Hasenbutter 45
- Schoko-Vanille-Aufstrich 45
- Vanille-Butter-Plätzchen 124
- Butter-Zucker-Kuchen 118

C
Camembert, angemachter 50
Couscous, bunter 61
Crunchy-Müsli 43
Curry-Erdnuss-Sauce 98

D
Dinkelbrot, schnelles 126
Dip mit Gemüsesticks 59
Dressing, italienisches 99

E
Eier
- Blaubeerpfannkuchen 50
- Herzhafte arme Ritter 49
- Palatschinken mit Pilzfüllung 61
- Pfannkuchen mit Reissirup 50
- Süßes Biskuitomelett 107
- Spargelauflauf 59
- Tomaten-Pesto-Pfannkuchen 63
Erdbeeren
- Beerenfrühstück 43
- Erdbeermarmelade mit Vanille 46
Erdnüsse, Curry-Erdnuss-Sauce 98
Erfrischende Melonenbowle 67

F
Feines Quarkbrot 129
Feldsalat mit Puten-Parmaschinken-Röllchen 56
Fenchel-Mozzarella-Toast 65
Fernöstlicher Nussreis 94
Fisch
- Forelle Müllerin-Art 78
- Lachs-Blätterteig-Körbchen 76
- Lachsterrine 76
- Maki mit Avocado und Lachs 87
Fleisch
- Kalbsfilet mit Kürbis-Kokos-Püree 88
- Kräuterlammrücken mit Bohnenpäckchen 90
- Roastbeef 89
- Schneller Filettopf 83
Forelle Müllerin-Art 78
French Dressing 99
Friesische Quarkbrötchen 126
Fruchtiger Haferbrei mit Mohn 44

G
Geflügel
- Feldsalat mit Puten-Parmaschinken-Röllchen 56
- Hähnchen in Brokkoli-Mandel-Sauce 80
- Hähnchen in Kürbiskernsauce 80
- Orangenhähnchen 83
- Thailändische Kokosmilchsuppe 73
Gemischter Blattsalat 8
Grüne Klößchen mit Tomatensauce 75
Gratinierte Tomaten 58
Gurkensuppe, sommerliche 74

H
Hähnchen in Brokkoli-Mandel-Sauce 80
Hähnchen in Kürbiskernsauce 80
Hackfleisch
- Grüne Klößchen mit Tomatensauce 75
- Römischer Hackbraten 84
Haferflocken
- Crunchy-Müsli 43
- Fruchtiger Haferbrei mit Mohn 44
Haselnüsse
- Nuss-Mandel-Krokant 108
- Nuss-Nougat-Creme 46
- Weihnachts-Cantuccini 125
- Haselnusspralinen 111
Hasenbutter 45
Hefeteig 123
Heiße Mandelmilch mit Zimt 52
Herzhafte arme Ritter 49
Himbeeren
- Blitz-Himbeereis 104
- Frühstückssmoothie 53
- Kernlose Rote Grütze 101
- Limo mit Himbeereiswürfeln 67
- Vanille-Himbeer-Creme 45
- Himbeer-Trinkjoghurt 52
Hirse-Auflauf 70

I
Italienisches Dressing 99

J
Joghurt
- Beerensorbet 103
- Himbeer-Trinkjoghurt 52
- Hirse-Auflauf 70
- Kräuter-Joghurt-Dressing 98
- Lachsterrine 76
- Schoko-Ingwer-Brownies 113

K
Käse
- Fenchel-Mozzarella-Toast 65
- Überraschungs-Bruschetta 63
- Käsequiche vom Blech 70
- Käsespieße mit Zucchini-Bacon 49
Kalbsfilet mit Kürbis-Kokos-Püree 88
Karamellbonbons 111
Kardamombällchen 111
Kartoffeln
- Brokkoli-Creme-Suppe 59
- Kartoffel-Möhren-Streich 49
- Kartoffel-Mandel-Plätzchen 93
- Kartoffelbrot 128
- Kohlrabi und Kartoffeln mit Schnittlauchdip 73
- Rosmarinkartoffeln 93
- Sommerliche Gurkensuppe 74
- Spargelauflauf 59
Kernlose Rote Grütze 101
Knusprig-pikante Macadamias 66
Kohlrabi und Kartoffeln mit Schnittlauchdip 73
Kokos-Quark-Creme 9
Kokosplätzchen 124
Kokospralinen 108
Kürbis
- Kalbsfilet mit Kürbis-Kokos-Püree 88
- Kürbis-Möhren-Suppe 55
Kräuter-Joghurt-Dressing 98
Kräuterlammrücken mit Bohnenpäckchen 90

Rezeptverzeichnis

L

Lachs
- Maki mit Avocado und Lachs 87
- Lachs-Blätterteig-Körbchen 76
- Lachsterrine 76
- Linzer Torte 118
- Limo mit Himbeereiswürfeln 67

M

Macadamia-Nüsse, knusprig-pikante Macadamias 66
Maki mit Avocado und Lachs 87
Mandelmilch mit Zimt, heiße 52

Mandeln
- Butter-Zucker-Kuchen 118
- Hähnchen in Brokkoli-Mandel-Sauce 80
- Heiße Mandelmilch mit Zimt 52
- Kartoffel-Mandel-Plätzchen 93
- Linzer Torte 118
- Marzipanpralinen 107
- Nuss-Mandel-Krokant 108
- Weihnachts-Cantuccini 125

Maronensuppe 88
Marzipanpralinen 107
Melonenbowle, erfrischende 67

Möhren
- Dip mit Gemüsesticks 59
- Hähnchen in Kürbiskernsauce 80
- Hasenbutter 45
- Kürbis-Möhren-Suppe 55
- Kartoffel-Möhren-Streich 49
- Spaghetti mit Ingwer-Möhren-Sauce 8
- Thailändische Kokosmilchsuppe 73
- Möhren in Petersilienbutter 94

Mürbeteig 122
Mohnkuchen 120

N

Nuss-Mandel-Krokant 108
Nuss-Nougat-Creme 46

O

Omas Karamellbonbons 111
Orangenhähnchen 83

P

Palatschinken mit Pilzfüllung 61

Paprika
- Dip mit Gemüsesticks 59
- Paprikaketchup 97
- Schneller Filettopf 83

Pfannkuchen mit Reissirup 50

Pfirsich
- Fruchtiger Haferbrei mit Mohn 44

Pilze
- Palatschinken mit Pilzfüllung 61
- Waldpilzrisotto 69

Q

Quark
- Dip mit Gemüsesticks 59
- Feines Quarkbrot 129
- Frühstücks-Smoothie 53
- Friesische Quarkbrötchen 126
- Käsekuchen 116
- Kokos-Quark-Creme 9
- Topfen-Beeren-Teilchen 113
- Vanillecreme 103

R

Reis
- Baskischer Reiseintopf 74
- Fernöstlicher Nussreis 94
- Kardamombällchen 111
- Maki mit Avocado und Lachs 87
- Spinatrisotto 69
- Waldpilzrisotto 69

Römischer Hackbraten 84
Rührteig 122
Roastbeef 89
Rosmarinkartoffeln 93
Rote Grütze, kernlose 101

S

Schneller Filettopf 83
Schnelles Dinkelbrot 126
Schoko-Ingwer-Brownies 113
Schoko-Vanille-Aufstrich 45
Schokoladen-Karamell-Sahne 114
Schokoladen-Sahne-Eis 104
Schokoladenkaramellen 108

Sellerie
- Dip mit Gemüsesticks 59
- Maronensuppe 88

Süßes Biskuitomelett 107
Sommerliche Gurkensuppe 74
Spaghetti mit Ingwer-Möhren-Sauce 8
Spargelauflauf 59
Spinatrisotto 69

T

Thailändische Kokosmilchsuppe 73

Tomaten
- Baskischer Reiseintopf 74
- Bunter Couscous 61
- Grüne Klößchen mit Tomatensauce 75
- Gratinierte Tomaten 58
- Tomatenketchup 98
- Überraschungs-Bruschetta 63
- Tomaten-Pesto-Pfannkuchen 63
- Tomatenketchup 98

Topfen-Beeren-Teilchen 113

U

Überraschungs-Bruschetta 63

V

Vanille-Butter-Plätzchen 124
Vanille-Himbeer-Creme 45
Vanillecreme 103
Vinaigrette 99

W

Waffeln 115
Waldpilzrisotto 69

Walnüsse
- Nuss-Mandel-Krokant 108
- Walnuss-Tarte 121

Weihnachts-Cantuccini 125
Winterliche Beerengrütze 101

Z

Zimtplätzchen 124

Zucchini
- Bunter Couscous 61
- Käsespieße mit Zucchini-Bacon 49
- Zucchinisalat mit Pinienkernen 56

Zuckerschoten
- Thailändische Kokosmilchsuppe 73

Impressum

Bibliografische Information der Deutschen Nationalbibliothek
Die Deutsche Nationalbibliothek verzeichnet diese Publikation in der Deutschen Nationalbibliografie; detaillierte bibliografische Daten sind im Internet über http://dnb.d-nb.de abrufbar.

Programmplanung: Uta Spieldiener

Redaktion und Bildredaktion:
Anja Fleischhauer

Umschlaggestaltung:
Dominique Loenicker, Stuttgart

Zeichnung: Ziegler und Müller, Kirchentellinsfurt
Fotos im Innenteil: alle Personenabbildungen: Holger Münch; alle Rezeptfotos (inkl. Cover): Stefanie Bütow; Foodstyling: Sarah Trenkle

2. Auflage 2015

© 2009, 2015 TRIAS Verlag in
MVS Medizinverlage Stuttgart GmbH & Co. KG
Oswald-Hesse-Straße 50, 70469 Stuttgart

Printed in Germany

Satz und Repro: Ziegler und Müller, Kirchentellinsfurt
gesetzt in: APP/3B2, Version 9.1 Unicode
Druck: AZ Druck und Datentechnik GmbH, Kempten

Gedruckt auf chlorfrei gebleichtem Papier

ISBN 978-3-8304-8067-9

1 2 3 4 5 6

Auch erhältlich als E-Book:
eISBN (ePUB) 978-3-8304-8069-3
eISBN (PDF)   978-3-8304-8068-6

Wichtiger Hinweis: Wie jede Wissenschaft ist die Medizin ständigen Entwicklungen unterworfen. Forschung und klinische Erfahrung erweitern unsere Erkenntnisse. Ganz besonders gilt das für die Behandlung und die medikamentöse Therapie. Bei allen in diesem Werk erwähnten Dosierungen oder Applikationen, bei Rezepten und Übungsanleitungen, bei Empfehlungen und Tipps dürfen Sie darauf vertrauen: Autoren, Herausgeber und Verlag haben große Sorgfalt darauf verwandt, dass diese Angabe dem Wissensstand bei Fertigstellung des Werkes entsprechen. Rezepte werden gekocht und ausprobiert. Übungen und Übungsreihen haben sich in der Praxis erfolgreich bewährt.

Eine Garantie kann jedoch nicht übernommen werden. Eine Haftung des Autors, des Verlags oder seiner Beauftragten für Personen-, Sach- oder Vermögensschäden ist ausgeschlossen.

Das Werk, einschließlich aller seiner Teile, ist urheberrechtlich geschützt. Jede Verwendung außerhalb der engen Grenzen des Urheberrechtsgesetzes ist ohne Zustimmung des Verlages unzulässig und strafbar. Das gilt insbesondere für Vervielfältigungen, Übersetzungen, Mikroverfilmungen oder die Einspeicherung und Verarbeitung in elektronischen Systemen.

Geschützte Warennamen (Warenzeichen) werden **nicht** besonders kenntlich gemacht. Aus dem Fehlen eines solchen Hinweises kann also nicht geschlossen werden, dass es sich um einen freien Warennamen handelt.

Die abgebildeten Personen haben in keiner Weise etwas mit der Krankheit zu tun.

Liebe Leserin, lieber Leser,

hat Ihnen dieses Buch weitergeholfen? Für Anregungen, Kritik, aber auch für Lob sind wir offen. So können wir in Zukunft noch besser auf Ihre Wünsche eingehen.

Schreiben Sie uns, denn Ihre Meinung zählt!

Ihr TRIAS Verlag

E-Mail-Leserservice:
kundenservice@trias-verlag.de

Adresse:
Lektorat TRIAS Verlag
Postfach 30 05 04
70445 Stuttgart
Fax: 0711-89 31-748

Besuchen Sie uns auf facebook!
www.facebook.com/gesundeernaehrungtrias

Je € 9,99 [D]
€ 10,30 [A]
CHF 14,–

Klein – knackig – amüsant
Die 50 besten Killer-Argumente bei Rückenschmerzen, Ärger & Co.

   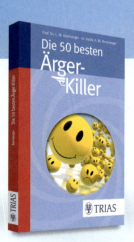 

ISBN 978-3-8304-8142-3   ISBN 978-3-8304-8088-4   ISBN 978-3-8304-6134-0   ISBN 978-3-8304-6890-5   ISBN 978-3-8304-8079-2

Alle Titel auch als E-Book

Bequem bestellen über
www.trias-verlag.de
versandkostenfrei innerhalb Deutschlands

 Wissen, was gut tut.